2019年民族文字出版专项资金资助项目

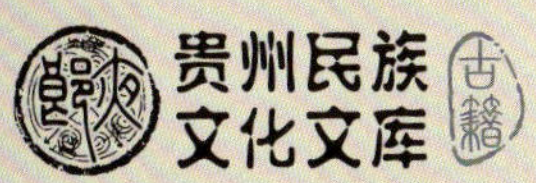

布依族摩经典籍

幡昊经

安顺市档案馆 编

贵州出版集团
贵州民族出版社

图书在版编目(CIP)数据

帽吴经 ：布依文、汉文对照 / 安顺市档案馆编. --
贵阳 ：贵州民族出版社，2021.7
(布依族摩经典籍)
ISBN 978-7-5412-2662-5

Ⅰ. ①帽… Ⅱ. ①安… Ⅲ. ①布依族-原始宗教-经文-贵州-布、汉 Ⅳ. ①B933

中国版本图书馆 CIP 数据核字(2021)第 124176 号

布依族摩经典籍
帽吴经
MAOWUJING
安顺市档案馆　编

出版发行　贵州民族出版社
地　　址　贵阳市观山湖区会展东路贵州出版集团大楼
邮　　编　550081
印　　刷　贵阳精彩数字印刷有限公司
版　　次　2021 年 7 月第 1 版
印　　次　2021 年 7 月第 1 次印刷
开　　本　787mm×1092mm　1/16
字　　数　250 千字
印　　张　15
书　　号　ISBN 978-7-5412-2662-5
定　　价　88.00 元

①

②

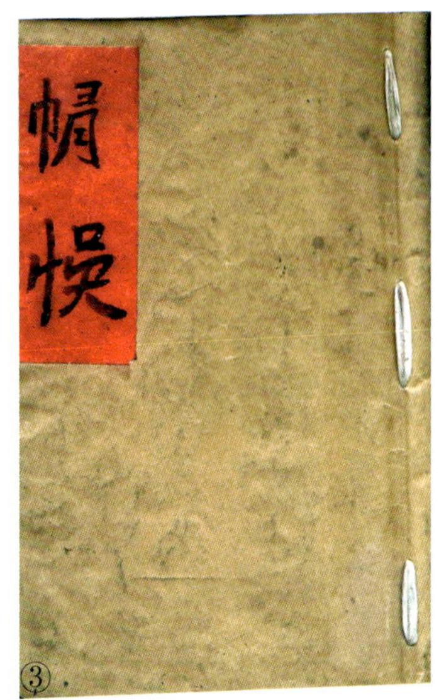

③

④

⑤

“布依族摩经典籍”书影

祭 物

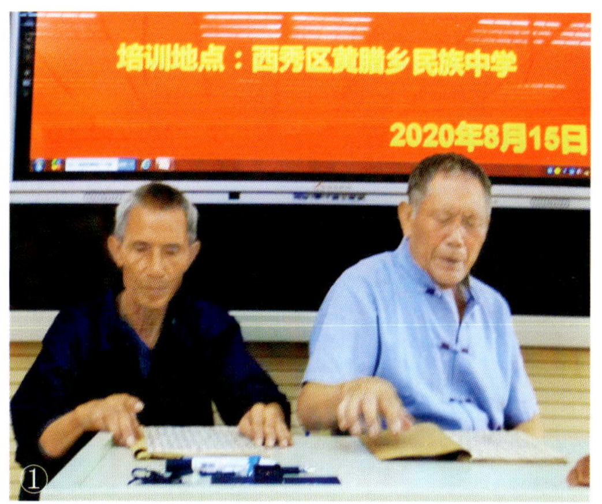

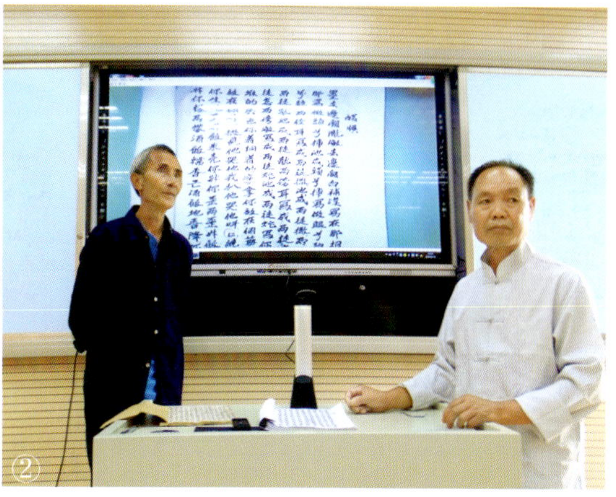

《布依族摩经典籍·帽吴经》传承培训现场

研究摩经

《布依族摩经典籍·帽吴经》专家评审现场

周国茂

摩经是布依族传统信仰仪式上演唱的经典。摩经卷帙浩繁，内容丰富，是布依族重要的非物质文化遗产，是研究布依族历史文化的珍贵文献。摩文化典籍包括传统的祭祀仪式上吟诵的摩经和用来选择吉祥日期、吉祥方位等的书籍（即择吉书）。截至目前，在贵州、云南和四川三个布依族土语区中都发现有摩文化典籍，其中以摩经数量最为丰富。

摩经曾经历了漫长的口耳相传历史。大约从唐宋时期开始，部分掌握了汉字的祭司布摩以汉字作为记音符号，并借用汉字偏旁部首，按六书造字法创制方块文字符号，加上部分抽象符号，形成布依族方块古文字体系，用来记录摩经。摩经的传承方式由原来的口耳相传变成口耳相传与书籍文献相传并行的形式。到明清时代，由于汉语学校在布依族地区普遍开设，懂汉语识汉文的布依族人大量增加，用方块布依古文字记录摩经成为一种更加普遍的现象。

尽管摩经的出现已经具有悠久的历史，摩经成为用文字记录的典籍文献也有一千多年历史，但长期以来，外界对摩经的“庐山真面目”一直无从知晓。20 世纪初开始，国内外民族学家、人类学家以及传教士就开始进入布依族地区开展调查研究。大夏大学吴泽霖和陈国钧在对贵州布依族丧葬习俗的调查过程中，发现布依族民间存在用“汉字”记录本民族宗教“术语咒诀”“录成经典，转相传授”的现象，但没有对其内容进行研究。进入云南丽江的外国传教士除了搜集到纳西族古文字外,还在布依族村寨发现布依族古文字典籍,并将其与纳西族古文字一起带到了美国,原件现存于美国哈佛大学博物馆。中华人民共和国成立后,1956 年开始对包括布依族在内的少数民族开展社会历史调查,在对布依族的调查中包括了布依族摩经等方面的古文字典籍文献。但由于受"左"的思想影响,这类典籍文献被视为封建迷信,在翻译整理过程中大多刻意抹去其宗教信仰痕迹,将其作为民间文学直接翻译为汉语文本。

20 世纪 80 年代初,布依族古文字典籍文献的搜集、翻译和整理工作重新开始。中国民间文艺研究会贵州分会、贵州省民族研究所和各市、州、县(区)民族工作部门和文化工作部门组织民族工作者和文化工作者开展布依族古文字典籍文献搜集翻译整理,一些文化工作者和布依学研究人员也进行了这方面的调查、搜集、翻译和整理工作。从 20 世纪 80 年代初开始,贵州省布依族聚居的各县(市)有关机构便着手对布依族摩经文献古籍的发掘和抢救,翻译整理并陆续出版了一批摩经。但是,与分布广泛、卷帙浩繁的摩经数量相比,已经整理出版的摩经只是其中的一小部分。贵州民族出版社推出的这套"布依族摩经典籍"系列丛书意义重大,为民族非物质文化遗产的传承和保护搭建了一个平台,为贵州的文化建设做出了积极贡献,功莫大焉!

摩经可分为两大类,一类是用于丧葬超度仪式的经典,称为"殡亡经",也译为"殡王经""殡凡经""古谢经""砍牛经"等;另一类是用于祈福、驱邪、禳灾仪式,称"解绑经"。其中用于丧葬超度仪式的经文又可分为超度正常死亡者的经文和超度非正常死亡者的经文。每一类经典中都包含若干经文篇目,篇目数量和名称各地不尽相同,但经文内容大同小异,反映了布依族摩经的传承性与变异性。

摩经是以韵文体形式呈现的,主要为五言体,兼有七言体和杂言体。可以说,摩经是布依族传统民歌的集萃。从内容看,摩经包含了自远古至近现代各个时代的作品。根据宗教史研究成果,人类宗教的发生可以追溯到旧石器时代中晚期。这也就是说,摩经中的作品最早可以追溯到旧石器时代,或者宽泛一点说,叫作远古时代。那些直呼神灵名称,发出祈求或驱逐命令的祈祷词和咒语，那些反映射日、洪水泛滥以及万物起源等内容的神话或史诗，那些反映王权争夺的史诗，那些古老传说，都是比较久远时代遗留下来的作品。其他的经卷则是相对后起的作品。每个经卷作品的断代，要根据其内容等要素综合进行。

摩经由不同时代不同性质的作品组成，积淀了各个时代丰富的历史文化信息，是“百科全书”式的珍贵文献，具有多方面的重要价值。

第一是文学方面的价值。摩经是典范的布依族韵文体作品，主要为五言句式，间有七言、杂言句式；作品大多来自民间文学，部分为布摩创作，包括神话、传说、故事、祈祷词等。表达方式有抒情，有叙事。音韵铿锵，想象大胆、丰富，叙事作品在写景、刻画人物形象等方面均有可圈可点之处。

第二是哲学、宗教等方面的价值。摩经中的作品包括了神话和远古传说，其中还有祈祷词和布摩为传达信仰崇拜观念编创的作品，反映了布依族先民对宇宙万物和纷繁世界的认识和理解，反映了布依族的宇宙观和世界观，对研究布依族的哲学和宗教观念具有重要意义。由于摩经中反映出了佛、道二教的因素，因此也是研究布依族与汉族乃至印度佛教文化交流的重要资料。

第三是历史学价值。摩经收录了各个时代布依族民间文学作品，虽然没有明确的时间界限，但它积淀了不同历史时期的历史事件、生产、社会生活状况和民俗文化事象，结合其他历史文献和考古发掘，可以从中发现很多珍贵资料，复原布依族历史和文化史。

第四是道德伦理观念的研究价值。摩经中反映了布依族对社会成员之间如何相处、互动的基本规范，尤其是子女对父母、父母对子女、夫妻之间、女婿与岳父母之间、姑家与舅家等的行为准则，都是弥足珍贵的。

第五是语言文字学研究价值。摩经记录了古代布依语，对于研究布依语语音、词汇和语法的变化等，具有重要意义。同时，摩经借用汉字，主要用借音、部分借义方式，并按照汉字六书造字法，利用汉字偏旁部首新创，形成记录“殡亡经”的一套文字体系，对研究布依族古文字有重要意义。

此外，摩经中有大量关于不同民族的记载，因此，也是研究布依族与其周

边民族之间的关系和文化交流传播、研究布依族天文历法等的重要资料。

可以说,摩经是布依族“百科全书”式的珍贵资料,对研究布依族历史文化乃至百越、西南民族历史文化等均具有重要参考价值。

由于各方面的原因,本系列丛书搜集和翻译整理采取“各自为政”的方式进行,这使得各个翻译整理本在体例、翻译整理风格和质量、水平等方面都不尽相同。尽管存在这样那样的问题和遗憾,但在摩经卷帙浩繁而经费、翻译整理队伍严重不足、很多作品得不到及时搜集、翻译和整理,摩经面临失传的情况下,把其中重要的作品抢救性地翻译出版,让更多的人认识和了解其“庐山真面目”,为进一步全面搜集和翻译整理,做了最好的基础性工作,其价值和意义不可估量。

2020 年 4 月 22 日

注:作者系贵阳学院教授、贵州省布依学会副会长、贵阳市布依学研究会会长。

前 言

2013 年 4 月安顺市档案馆联合安顺市布依学会成立了布依族语言文字古籍研究课题组（以下简称“课题组”）。此后的几年里，课题组深入辖区布依族村寨收集、扫描、整理不同类别的摩经百余本（册），其中专用于丧葬仪式的摩经就有 25 本（册）。2017 年，课题组在安顺市西秀区黄腊乡孔陇村布依寨班正常摩师家收集摩经时发现这本《帽吴经》。这本经书属于传统祭祀丧葬经。几经访谈和研读，方知这本《帽吴经》与民间常使用的祭祀经不尽相同，它是专用于祭祀非正常去世者的经书。这本经书是布依族民间摩师借用汉字和自创字——学术界称为“布依族古文字”记录下来的，用布依语诵读，本书成书年代不详。

“帽吴”是布依语，意思是用几片菱形尖状排列组成的框形“帽子”（又叫“五福冠”）。摩师戴着“帽吴”举行祭祀仪式，故叫“帽吴”仪式。在举行帽吴仪式时，摩班人马要着法衣法帽。举行祭祀仪式时先要择好吉日吉时。当日，主家在村寨外空旷处摆设十桌席，备好饭食水果分别供奉各路神灵，祈求它们帮忙做善事。帽吴仪式“规格”较高、场面较大，且隆重肃穆。

举行帽吴仪式时，摩班组一般有十人。大致分工为：一人头戴“五福冠”，手执梭镖，在前打前锋；一人头戴“五福冠”，手执铜铃，跟随其后；一人头戴尖冠帽，身背毛毡，手执指挥标，后面跟着打镲的两人；一人手执短刀；一人肩扛长柄大刀，刀上站立一只大红公鸡，右手拉着一条黄狗；一人吹螺号；一人打鼓；一人敲锣。众孝子列队跟随其后。这种祭祀仪式是布依族从古代沿袭下来、一代一代相传至今的民间习俗。

这部《帽吴经》包括《字符经》《五棒鼓经》《五棒锣经》《请神经》《保赞经》《食灶经》《叼鸡骨经》《仙皇经》《送神归位经》几个部分，各部分相互联系又有各自独立的内容。

布依族民俗文化学者马启忠认为,布依族社会尊老爱幼蔚然成风,家庭中则格外注重亲情。孩子幼小时,父母精心哺育、培养;父母年老后,子女则尽心尽力赡养。

布依族社会中,当亲人非正常死亡时,家人多按观念、习俗为其举行帽吴仪式。布依族传统习俗观认为,通过举行帽吴仪式亡灵即可按摩师的导引,进入祖先居住的“极乐世界”去享福,活着的人了却一桩心愿,求得心理的平衡。可见,研究布依族的丧葬习俗,是有一定社会历史价值的。

需要特别说明的是,本书是用古籍整理、译注的方式,以马克思主义唯物史观为指导,应用民族学、语言学、古文字学等知识进行译注,取其精华,弃其糟粕,旨在让读者更深层地了解布依族的祭祀文化。在译注过程中译注者做了以下处理:1. 本书所收入的经文属于布依语第二土语区的黄腊次土语,经文中有不少土语词,在翻译过程中为保留词语的地方性,一些词语的布依文未做规范处理,而是保留了土语词,并在土语词的右上方用“*”标示;2. 经文中一些段落重复较多,在译注过程中对重复的段落做了删除,对一些不符合出版要求的句子也做了删除,因此,译文与原经文有一定的出入;3. 原经文中一些词语在句子中没有实际意义,只起句子的过渡或搭配词语的作用,因此,在译注过程中,这类词语用“助”表示,如 yiz、lo 等;4. 由于书中的原经文是布摩(摩师)用汉字或自造字对布依语进行记音,以帮助记忆,故同一个音在不同的地方可能用不同的字或符号记录,如用晓、知记录 rox(知、知道);用纳、拿记录 aul(要)等,类似于此,为保持经书的原貌,译注者未进行全书统一;5. 正文中由于一些句子较长,一行排不下,故做转行处理,转行时,下一句右缩进一字格;6. 原经文中一些自造字,如⿰飠卑(早饭)、⿱𦍌者(漂亮)、⿰牜黄(黄牛)等,为保持原貌,未做规范处理;7. 对经文中一些难以理解的词语、句子等做了注释,帮助读者理解其原义。

编　者

2019 年 9 月 18 日

目　录

目录

MOL SEL WUZ/字符经

原经文: 墨　在　边　阐　陇	**直译:**摆在朝门巷道
布依文:mbiadt* xos gongx* jingz* longs*,	**意译:**在巷道的朝门前做祭祀,
溦　在　边　阐　白	摆在朝门白色
Ndal* xos gongx* jingz* haaul.	在白色的朝门前做祭祀。
补　汉　写　在　那	定汉族写在那
Zenl* Has raaiz xos hanx*,	汉族先生写字①在哪里,
相　棺　舍　在　那	棺木就放那
Siangc* faix② zez* xos hanx*.	棺木就放在那里。
写　做　头　丫　插	写成头妇女发簪
Raaiz banz jauc yah zaadt*,	祭符写得像妇女的发簪③,
池　成　头　丫　插	就成头妇女头叉
Zez* banz jauc yah zaadt*.	就像妇女的发簪。
写　做　眼　丫　鹊	写成眼妇女喜鹊
Raaiz banz dal yah al④,	祭符写得像喜鹊的眼睛,

①指请汉族先生来写祭祀中的祭符、对联等。

②siangc* faix,原义指木箱,这里指棺木。

③指祭符写得像妇女的发簪那样复杂。布依族在举行祭祀仪式时,摩师要写(画)各种各样的祭符。

④al 原义指乌鸦,这里指喜鹊。

就　成　眼　丫　鹊　　　就成眼妇女喜鹊
Zez* banz dal yah al.　　　就像喜鹊的眼睛。

两　傍　耳　写　成　两　徒　撒　　　两耳朵写像两扇形的模样
Soongl mengx* rez raaiz banz soongl duezsaans*,　　　祭符的两只耳朵写成扇形的模样，

池　成　两　徒　撒　　　就成两扇形的的模样
Zez* banz soongl duezsaans*.　　　就像扇形的模样。

两　脸嘴　写　成　两　徒　龙　　　两额头写成两龙
Soongl nacbas raaiz banz soongl dueznngeh,　　　祭符的两额头写得像两条龙，

就　成　两　徒龙　　　就成两龙
Zez* banz soongl dueznngeh.　　　就像两条龙。

两　傍　耳　写　成　两　徒　怎　　　两耳朵写成两祭品的模样
Soongl baangx* rez raaiz banz soongl duezjengs*.　　　祭符的两只耳朵画得像祭品的模样，

池　成　两　徒　怎　　　就成两祭品的模样
Zez* banz soongl duezjengs*,　　　就像两个祭品的模样。

两　傍　澈　写　成　两　徒　蛇　　　两肩写成两龙
Soongl baangx* mbas raaiz banz soongl dueznngeh,　　　祭符的两肩画得像两条龙，

就　成　两　徒　蛇　　　就成两龙
Zez* banz soongl dueznngeh.　　　就像两条龙。

写　你　成　桐　成　堆　的　吴　　　写这成块成堆的纸
Raaiz nix banz siangl* banz buangc* gaais sal[1],　　　写成一堆一块的祭符，

---

①sal 原义是指纸，这里指祭祀用的咒符。

㐫 你 着 桐 着的摩	下颚这蘸成人站立的人
Haangz* nix ndems* banz buxwenzsuangz*,	祭符的下颚画成站立人的模样，
拿 你 放 在 个 簸 一 随	把你放在个簸箕一随
Aul mengz zongs* xos ndanl nduangx* ndeeul reux*,	把你[1]放在一个簸箕里，
拿 你 放 在 个 升 一 揿	把你放在个升[2]一解绑
Aul mengz zongs* xos ndanl sengl* ndeeul gaic*.	把你放在一个升子里解绑。[3]
儿 他 哭 他 找	儿别人哭别人找
Leg ndagt* daic ndagt* ral,	别人的儿子哭[4]别人找摩师解绑，
扒 他 哭 他 叫	儿别人哭别人叫
Baz* ndagt* daic ndagt* yeeuh,	别人的小孩哭别人请摩师解绑。
叫 绕 生 吃 脚	叫咱来吃脚
Yeeuh rauz dauc genl gal,	叫咱[5]来吃鸡的脚，
找 你 生 吃 歹	找你来吃臀部
Ral mengz dauc genl daaix.	请咱来吃鸡的臀部。
升 米饭 壳 你	升大米地方这
Sengl* hauxsaanl bengz nix,	这地方的一升大米，
升 你 歪 两 歪	升这歪两歪
Sengl* nix mbedt* soongl mbedt*.	升里的大米不饱满。

①你，指画成的神符。
②升，布依族过去使用的量米容器，木制方形，一升约2千克。
③指布依族的一种传统的驱邪除恶的民俗。下同。
④哭，指病痛。
⑤咱，指摩师组。布依族的摩师组又叫摩班，一般由三至五人组成。

升　　饭谷　壳　你
Sengl* hauxgas beangz nix,

升稻谷地方这
这地方的一升稻谷,

升　你　檬　两　檬
Sengl* nix mengh* soongl mengh*.

升檬两檬
一升两升稻谷。

酒　饭糯　香　已
Lauc hauxnangc waanl jiz*,

酒糯米香很
糯米酒很香,

酒　饭　地　香　降
Lauc haux rih waanl jiangl*.

酒粮食地香醇
旱地里杂粮酿的酒醇香。

你　吃　小　肚　堂　你　前
Mengz genl nis dungx dangz mengz goons,

你吃小肚到你先
你①吃饭在先,

你　吃　小　肚　在　你　前
Mengz genl nis dungx qyux mengz goons.

你吃小肚子在你先
你先把饭吃饱。

时　绕　有　家　绕
Zeiz* rauz lix renz*② rauz,

时咱有家咱
咱们③自有自己家,

鬼　恶　在　间　内　家
Faangzqyas xos wangs* ndael raanz.

鬼恶在你里家
恶鬼住满你家屋里了。

时　绕　生　时　梆
Zeiz* rauz dauc zeiz* saangl?

时咱来时做事
什么时候该做事?

梆　绕　生　梆　时
Saangl rauz dauc saangl zeiz*?

那时生这时
什么时候做什么事?

---

①你,指做祭祀仪式的主事家。
②renz* 指家、屋。与 raanz(家)用法相同。
③泛指主事家。

逃 三 人脚 断
Deeuz saaml wenz gal ragt*,

逃三人脚断
逃出去三人[1]的脚就要被折断，

逃 七 人 脚 假
Deeuz xedt wenz gal baaix*.

逃七人脚跛
逃出去七人的脚就要被斩跛。

补 逃 前 逃 后
Bux deeuz goons deeuz langl,

人逃前逃后
先逃后逃的人，

谁 人 逃 听 夯
Wangx* laez deeuz doc* rauh?

谁人逃掉些
谁逃走了？

抬 在 头 陇 沟
Raaml xos jauc lungs* mingl*,

抬在头水沟
把恶鬼抬去外面的水沟，

扫 在 襶 陇 沟
Badt* xos dianh* lungs* mingl*.

扫在地点水沟
把恶鬼扫去外面的水沟。

好 怕 脸 我 不 红
Ndillaaul nac gul miz ndingl,

害怕脸我不红
就怕我[2]的脸不红，

要 脸 你 做 红
Aul nac mengz gueh ndingl.

拿脸你做红
那么你[3]的脸就要红。

好 怕 声 我 不 噹
Ndillaaul hingl gul miz oshingl,

害怕声我不出声
若我做祭祀时的声音不洪亮，

要 声 你 做 噹
Aul hingl mengz gueh oshingl.

拿声你做出声
你就接着大声吼。

---

①三人，泛指恶鬼。
②我，指摩师。
③你，指来主家听摩师做祭祀仪式的听众。

声 我 踭 而 你 生 接　　声我卡喉你来接
Hingl gul ganh* lez* mengz dauc senc*，　　我的声音卡喉你来接着念(经)，

声 我 踭 而 你 撑 腰　　声音我跌倒你撑腰
Hingl gul ganh* lez* mengz zaangc* hedt.　　我的声音卡喉你替我念(经)。

帮 气 打 鬼 恶 过 壳　　帮忙打恶鬼过地方
Dianl* reengz duais* faangzqyas gvas beangz，　　帮忙把恶鬼赶出这地方，

打 鬼 伤 过 坝　　打野鬼过田坝
Duais* faangzyih* gvas dongh，　　把野鬼赶出田坝，

帮 气 打 鬼 恶 过 田　　帮忙打恶鬼过田
Diangl* reengz duais* faangzqyas gvas naz.　　把恶鬼赶出田野。

打 揞 碗 出 外　　打鬼粗鲁出外
Duais* yih* zal* os roh，　　把粗鲁的鬼赶到外面，

帮 气 打 鬼 恶 过 壳　　帮忙打恶鬼过地方
Diangl* reengz duais* faangzqyas gvas beangz.　　把恶鬼赶出这地方。

杀 鬼伤 过 坝　　杀野鬼过田坝
Gac faangzsingl[①] gvas dongh，　　把野鬼赶出田坝，

帮 气 打 鬼 恶 过 田　　帮忙打恶鬼过田
Diangl* reengz duais* faangzqyas gvas naz，　　帮忙把恶鬼赶出田野，

杀 揞 鬼 过 坝　　杀野鬼过田坝
Gac yih* faangz gvas dongh.　　把野鬼赶出田坝。

---

①faangzsingl 指野鬼，一般指男性非正常死亡后变成的鬼，也称饿鬼、恶鬼。下同。

世 前 未 沼 行
Xeeuhgoons fih xaaux dih*,

从前未造宇宙
从前未造宇宙，

世 前 未 沼 仙
Xeeuhndux fih xaaux sianl*.①

古代未造仙王
古时未造仙皇。

皇 洒 秧 在 塘
Weangz duagt*jac xos damz,

皇撒秧在塘
仙皇在塘里撒秧种，

皇 栽 秧 在 河
Weangz ndamlnaz xos dah.

皇栽秧在河
仙皇在河里栽秧。

沼 蚊 舍 吃 去 了
Zaanz* nyangz*ndaais* genl bail leeux,

群花蚊吃去了
一群花蚊吃了秧叶，

沼 蚊 花 吃 根 去 了
Zaanz* nyangz*raaiz genl guagt* bail leeux,

群花斑蚊吃根去了
一群花斑蚊吃了秧根，

始 蚊 花 吃 去 完
Zaanz* nyangz*raaiz genl bail leeux,

群花斑蚊吃去完
一群花斑蚊全把秧吃了。

细 雨 生 齐 财
Wenlmans dauc jiz*zaaiz*,

细雨下淅沥(状词)
细雨淅淅沥沥地下，

捡 蚊 花 来 煮
Jiabt* nyangz*raaiz mal oml.

捡花斑蚊来煮
捡花斑蚊来煮。

细 雨 生 齐 足
Wenlmans dauc jiz*zuz*,

细雨下稀拉(状词)
细雨稀拉地下，

---

①sianl*(仙王、仙皇)、Weangz(皇、王)指布依族传说中的王、皇、首领、部落头人、氏族领袖等。布依族传说中的仙王、仙皇和皇、王与现代一般所指的皇、王不一样。下同。

扯　　蚊　除　来　滗
Jiabt* nyangzzuz* mal dams*.
扯秧虫的一种来煨
捉秧虫来煨。

蚊　　舍　　雾　离　轮
Nyangz* ndaais* wuc* jiz* lenz*,
花蚊飞舞离轮(状词)
花斑蚊满天飞，

蚊　除　开　离　笙
Nyangzzuz* bigt* liz* runh*.
蚊虫飞离噜(状词)
秧虫到处飞。

你　　不　杀 我　　皇
Mengz mis* gac gul weangz,
你不杀我皇
请先皇不要杀我，①

皇　　三　印　四 印
Weangz saaml yins* sis yins*,
皇三印四印
皇有三块印四块印，

我　有 印　　一　　老
Gul lix yins* ndeeul laanx*.
我有印一好
我有一块好印。

皇　　三　　保　外　保
Weangz saaml baauc* sis baauc*,
皇三保四保
皇有三保佑四保佑，

我 有　　保　　一　　壤
Gul lix baauc ndeeul waaih*.
我有保一坏
我能保佑一方。

皇　　三　块　四　块
Weangz saaml gaais sis gaais,
皇三块四块
皇有三块印四块印，

我　有 块　　一　　好
Gul lix gaais ndeeul ndil.
我有块一好
我有一块好印。

①我，指蚊虫。

印　麻　老　你　说	印啥好你说
Yins* maz laaux* mengz nauz,	哪块印好你说,[1]
保　麻　壤　你　说	保啥坏你说
Baauc* maz waaih* mengz nauz,	能保佑哪方你说,
块　麻　好　你　说	的啥好你说
Gaais maz ndil mengz nauz.	哪块印好你说。
我　不　印　麻　老　于　皇	我不印啥大亦皇
Gul miz yins* maz laaux* yiz* weangz,	我没哪块大印,[2]
我　不　保　麻　壤　于　皇	我不保啥坏亦皇
Gul miz baauc* maz waaih* yiz* weangz,	我没哪保佑好,
我　不　块麻　好　于　皇	我不什么好亦皇
Gul miz gaaismaz ndil yiz* weangz.	我没哪方好。
嘴　我　吃　于　籁	嘴我吃咒物
Baagt* gul genl liz* laaix*,	我[3]已吃了先生的咒物,
屁　我　会　写　字	臀部我会写字
Daaix gul rox raaiz sel.	我转过身都会写字。
写　做　盘　背　戥	写做盘和戥秤
Raaiz gueh bunz* langl dalndeus*,	要写成秤盘和秤戥,
池　成　盘　背　戥	就成盘和戥秤
Xihbanz bunz* langl dalndeus*.	就写成秤盘和秤戥。

①这句及以下几句为皇的问话。

②这句及以下几句为蚊虫回答皇的问话。

③指蚊虫。下同。

写 做 鬃 背 柜
Raaiz banz goz* langl gvoih*,
写成转角和柜
要写成转角柜的模样，

池 成 鬃 背 柜
Xih banz goz* langl gvoih*.
就成转角和柜
就写成转角柜的模样。

写 做 猛 背 级
Raaiz banz mongx* langl jil*,
写成檬和松
要画成檬树和松树的模样，

池 成 猛 背 级
Xih banz mongx* langl jil*.
就成檬和松
就画成檬树和松树的模样。

皇 要 三 尺 纸 垫 下
Weangz aul saaml cegt* sal zah* lac,
皇要三尺纸垫下
皇拿三尺纸来垫桌凳，

皇 要 五 尺 纸 垫 上
Weangz aul hac cegt* sal zah* genz.
皇要五尺纸垫上
皇拿五尺纸来盖桌凳。

嘴 我 吃 于 籁 提 撒
Baagt* gul genl yiz* laanz* dazraaix,
嘴我吃咒物真的
我已吃咒物，

屁 我 会 写 字 提 撒
Daaix gul rox raaiz sel dazraaix.
臀部我会写字真心
我转过身就会写字。

写 做 盘 背 戥
Raaiz gueh bunz* langl dalndeus*,
写做盘和戥秤
要写成秤盘和秤戥，

池 成 盘 背 戥 提撒
Xih banz bunz* langl dalndeus* dazraaix.
就成盘和戥秤真的
就写成秤盘和秤戥。

写 做 鞶 背 柜
Raaiz gueh goz* langl gvoih*,

写做转角和柜
要写成转角柜的模样，

池 成 鞶 背 柜 提撤
Xih banz goz* langl gvoih* dazraaix.

就成转角和柜真的
就写成转角柜的模样。

写 做 猛 背 级
Raaiz banz mengx* langl jil*,

写成檬和松
要写成蒙树和松树的模样，

池 成 猛 背 级 提撤
Xih banz mengx* langl jil* dazraaix.

就成檬和松真的
就写成檬树和松树的模样。

天 背 地 肚 盖
Mbenl langl naamh dungx gams*,

天和地互盖
天盖地的事实，

的 于 写 在 此
Dih* yiz* raaiz xos nix.

它也写在这
它也写在这里。

挍 背 报 盖 热
Gabt* langl saail* dungx rauc*,

抖笠和蓑衣盖上暖和
戴上斗笠和穿上蓑衣会暖和的道理，

的 也 写 在 此
Dih* yiz* raaiz xos nix.

它也写在这
它也写在这里。

报 背 媳 肚 睡
Baus langl yah dungx ninz,

夫和妻同睡
夫和妻同睡的事实，

的 于 写 在 此
Dih* yiz* raaiz xos nix.

它也写在这
它也写在这里。

闹　字在鬼　涀　　中字在鬼瞧
Gaangl* sel xos faangz xianl*,　　正中的字①写给鬼瞧，

歪　字在鬼　望　　歪字给鬼看
Nyaangh* sel xos faangz dies*.　　歪斜的字写给鬼看。

前　十九　鬼伤　　从前十九野鬼
Goons xibguc faangzsingl,②　　从前十九个野鬼，

先　十二　鬼伤　　远古十二野鬼
Ndux xibngih faangzsingl.　　远古十二个野鬼。

伤　一　死　滩　恶　闹　田　　野鬼也死从恶里田
Siml yiz* daail zaz* qyas jaangl naz,　　野鬼死在田中的杂丛，

伤　一　死　滩　泙　闹　坝　　野鬼也死杂草丛上坝
Singl yiz* daail zaz* nyal* jaangl dongh,　　野鬼死在坝上的杂草丛，

伤　一　死　滩　恶　上　壳　　野鬼也死从恶上地方
Singl yiz* daail zaz* qyas saangl beangz,　　野鬼死在荒野里，

伤　一　死　在　闹　坝　　野鬼也死在中坝
Singl yiz* daail xos jaangl dongh,　　野鬼死在田野中央，

伤　一　死　滩　恶　下　沟　　野鬼也死草丛杂下沟
Singl yiz* daail zaz* qyas lac mingl,　　野鬼死于沟岸草杂丛中，

---

①指用于驱鬼的写在纸上的符号。

②singl，指野鬼。Singl 是一个多义词，原义指情歌中的男情人，这里 singl 与 faangz（鬼）组合，指一种可致人死亡的鬼、野鬼或男野鬼。这里泛指野鬼。下同。

伤 一 死 水 沟 闸 坝	鬼也死水沟中坝
Singl yiz* daail ramx mingl jaangl dongh,	野鬼死于田坝中的水沟，
伤 一 死 硐 阐	鬼也死朝门
Singl yiz* daail zuangh* jingz*,	野鬼死于朝门，
伤 一 死 沟 水	鬼也死沟水
Singl yiz* daail mingl ramx.	野鬼死于水沟。
别 桐 说 伤 那	别人都说野鬼那
Ndagt* mbox* nauz singl hanc*,	别人都说野鬼在那里，①
绕 桐 领 伤 那	我们都知野鬼那
Rauz mbox* lingx* singl hanc*.	我们也知道野鬼在那里。
不 见 罢 说 晓	不见以为说知
Miz ranl laaih* nauz rox,	未见鬼却说知道，
不 晓 罢 说 傍	不知以为说谎话
Miz rox laaih* nauz baangz*.	未见鬼就说谎话。
闸 字 在 鬼 涀	中字给鬼瞧
Gaangl* sel xos faangz qyaangl*,	正中的字都是写给鬼瞧的，
歪 字 在 鬼 望	歪字给鬼望
Nyaangh* sel xos faangz qyaangl*.	歪斜的字是写给鬼看的。

①该句及以下五句为一个小段落结束后分段的固定的过渡句。下同。

前　十九　鬼 伤	从前十九野鬼
Goons xibguc faangzsingl,	从前十九个野鬼,①
先　十二　鬼 伤	远古十二野鬼
Ndux xibngih faangzsingl.	远古十二个野鬼。
伤　一　死　雷打	野鬼也死雷打
Singl yiz* daail bacbaag*,	野鬼死于被雷打,
伤　一　死　班　壳	野鬼也死搬地方
Singl yiz* daail bunc* beangz.	野鬼死于迁徙的路上。
伤　一　死　水大	野鬼也死洪水
Singl yiz* daail ramxruangz*,	野鬼死于被洪水淹,
伤　一　死　火烧	野鬼也死火烧
Singl yiz* daail fizbaul.	野鬼死于被火烧。
伤　一　死　虎　抓	野鬼也死虎抓
Singl yiz* daail gugt guaz*,	野鬼死于被虎抓,
伤　一　死　狗　咬	野鬼也死狗咬
Singl yiz* daail mal hab.	野鬼死于被狗咬。
伤　一　死　落　水	野鬼也死落水
Singl yiz* daail dugt* ramx,	野鬼死于落深水,
伤　一　死　翻　船	野鬼也死翻船
Singl yiz* daail benc* ruez.	野鬼死于翻船。

①该句及下句为一个小段落的起头句。下同。

伤 一 死 落 水 筒 坠　　野鬼也死落水洞坠
Singl yiz* daail duagt* ramx zuangh* zaml*,　　野鬼死于深潭,

伤 一 死 牛 打　　野鬼也死牛打
Singl yiz* daail waaiz damc*.[①]　　野鬼死于被牛袭击。

伤 一 死 马 踢　　野鬼也死马踢
Singl yiz* daail max diagt*,　　野鬼死于被马踢,

伤 一 死 在 城　　野鬼也死在城
Singl yiz* daail xos xul.　　野鬼死在城市里。

伤 一 死 在 牢　　野鬼也死在牢
Singl yiz* daail xos laauz*,　　野鬼死在监狱里,

伤 一 死 虎 拿　　野鬼也死虎拿
Singl yiz* daail gugt aul,　　野鬼死于被虎擒,

伤 一 死 蛇 咬　　野鬼也死蛇咬
Singl yiz* daail ngez hab.　　野鬼死于被蛇咬。

别 桐 说 伤 那　　别人都说野鬼那
Ndagt* mbox* nauz siml hanc*,　　别人都说野鬼在那里,

绕 桐 领 伤 那　　我们都也野鬼那
Raux mbox* lingx* siml hanc*.　　我们也说野鬼在那里。

闹 字 在 鬼 涀　　中个字给鬼瞧
Ndanl sel xos faangz nyangh*,　　正中的字都是写给鬼瞧的,

---

①damc*,指有角的动物,如牛、羊等用头上的角互打、对打、互相袭击。

歪 字在 鬼 望
Nyangh* sel xos faangz qyangl*.
歪字给鬼望
歪斜的字是写给鬼看的。

不 见 罢 说 晓
Miz ranl laaih* rauz rox,
不见以为说知
未见鬼却说知道，

不 晓 罢 说 傲
Miz rox laaih* nauz baangz*.
不知以为说谎话
未见鬼就说谎话。

前 十九 鬼伤
Goons xibguc feangzsingl,
从前十九野鬼
从前十九个野鬼，

先 十二 鬼伤
Ndux xibngih faangzsingl.
远古十二野鬼
远古十二个野鬼。

伤 一 死 要 刀 肚 杀
Singl yiz* daail aul mid dungx gac,
野鬼也死拿刀相杀
野鬼死于拿刀互杀，

伤 一 死 要 标 肚 夺
Singl yiz* daail aul ndaagt* dungx zuangz*,
野鬼也死拿镖相刺
野鬼死于拿梭镖相杀，

伤 一 死 要 弩 肚 射
Singl yiz* daail aul neic* dungx ndengz*.
野鬼也死拿弩相射
野鬼死于拿弩互射。

别 桐 说 伤 那
Ndagt* mbox* nauz singl hanc*,
别人都说鬼那
别人都说鬼在那里，

绕 桐 领 伤 那
Raux mbox* lingx* singl hanc*.
我们都也鬼那
我们也说鬼在那里。

闸 字在 鬼 涀
Ndanl sel xos faangz nyangh*,
个字给鬼瞧
正中的字都是写给鬼瞧的，

歪 字 在 鬼 望	歪字给鬼望
Nyangh* sel xos faangz qyangl*.	歪斜的字是写给鬼看的。
不 见 罢 说 晓	不见以为说知
Miz ranl laaih* nauz rox,	未见鬼却说知道，
不 晓 罢 说 傲	不知以为说谎话
Miz rox laaih* rauz baangz*.	未见鬼就说谎话。
前 十 九 鬼伤	从前十九野鬼
Goons xibguc faangzsingl,	从前十九个野鬼，
先 十 二 鬼伤	远古十二野鬼
Ndux xibngih faangzsingl.	远古十二个野鬼。
伤 一 死 落 岩	鬼也死落岩
Singl yiz* daail duagt* rianz*,	野鬼死于摔岩山，
伤 一 死 吊 树	野鬼也死吊树
Singl yiz* daail rianl* faix.	野鬼死于在树上上吊。
伤 一 死 半 路	野鬼也死半路
Singl yiz* daail buangh* ronl,	野鬼死于半路上，
伤 一 死 半 乐	野鬼也死半空
Singl yiz* daail buangh* mbaangl*.	野鬼死于从半空中摔下。
伤 一 死 肚提 下 涨	野鬼也死打架下屋檐
Singl yiz* daail dungxdiz* lac seic*,	野鬼死于在屋檐下打架，
伤 一 死 肚 扛 下 梯	野鬼也死相拉下梯
Singl yiz* daail dungx guangc* lac lail.	野鬼死于从楼梯上摔下。

伤 一 死 肚提 养 掀
Singl yiz* daail dungxzugt* yaangc* gaaic*,

野鬼也死互锤才解绑
野鬼死于用拳头互打，

伤 一 死 肚惹 下 梯
Singl yiz* daail dungxnyiec* lac lail.

野鬼也死相拉下梯
野鬼死于从梯子上掉下。

别 桐 说 伤 那
Ndagt* mbox* nauz singl hanc*,

别人都说野鬼那
别人都说野鬼在那里，

绕 桐 领 伤 那
Raux mbox lingx* singl hanc*.

我们都也野鬼那
我们也说野鬼在那里。

闹 字 在 鬼 涀
Ndanl sel xos faangz nyangh*,

个字给鬼瞧
正中的字都是写给鬼瞧的，

歪 字 在 鬼 望
Nyangh* sel xos faangz qyangl*.

歪字给鬼望
歪斜的字是写给鬼看的。

不 见 罢 说 晓
Miz ranl laaih* nauz rox,

不见以为说知
未见鬼却说知道，

不 见 罢 说 傲
Miz rox laaih* nauz baangz*.

不知以为说谎话
未见鬼就说谎话。

前 十九 鬼伤
Goons xibguc faangzsingl,

从前十九野鬼
从前十九个野鬼，

先 十二 鬼伤
Ndux xibngih faangzsingl.

远古十二野鬼
远古十二个野鬼。

伤 一 死 要 繫 挂 肩
Singl yiz* daail aul gedt* waic* mbas,

野鬼也死拿腰带挂肩
野鬼死于用腰带上吊，

伤 一 死 要 索 挂 喉
Singl yiz* daail aul zaag* wanc* hoz.

野鬼也死拿索捆喉
野鬼死于用绳索上吊。

伤 一 死 徒 蛇 七 索
Singl yiz* daail aul ngez guns* zaag*,

野鬼也死拿蛇索缠
野鬼死于被蛇缠绕,

伤 一 死 在 城 在 牢
Singl yiz* daail xos xul xos laauz.

野鬼也死在城在牢
野鬼死于牢中。

伤 一 死 头 板
Singl yiz* daail jauc waangc*,

野鬼也死头木板
野鬼死于被木板尖砸,

伤 一 死 反 财
Singl yiz* daail waangc* zaiz*.

野鬼也死战乱
野鬼死于战乱中。

……

……

奇 你 我 祭 咔
Jiz* nix gul jis* leeux,

到这我就完
摩经念到此我就结束,①

碗 你 我 祭 了
Ngonznix gul jis* leeux.

今天我就完
今天我念摩经结束。

①这句及下句为每段经文的分段句或作为每段经文结束后的固定结尾句。全书同。

MOL HAC BAIZ GUANGL* /五棒鼓经[①]

樟　跳　养　樟跳	樟跳(助)樟跳
Zamcgabt yaangc Zamcgabt,[②]	樟卡呀樟卡,
樟　跳　在外　嫱　各	樟卡在外贩东西
Zamcgabt xos roh buns* dangzyangh.	樟卡在外贩卖东西。
樟　跳　外城　皇	樟卡出城皇
Zamcgabt os xul weangz,[③]	樟卡从皇的城出发,
别　有钱　别　去　买　外	别人有别人去贩奴
Ndagt* lix xeenz ndagt* bail buns wois,	别人有钱别人去贩卖奴仆,
樟　跳　钱　小　去　买　犢	樟卡钱小去买黄牛
Zamcgabt xeenz nis bail zeix* zeiz*.	樟卡本钱小就去买卖黄牛。
买　犢　老　小　浪　炉	买黄牛大小和放养
Zeix* zeiz* laaux nis langl luz*,	买大的和小的黄牛一起放养,
买　犢　大　浪　籭	买黄牛大与小
Zeiz* zeiz* hungl* langl nis.	买了大大小小的黄牛。

①五棒鼓,指敲鼓五下。

②Zamcgabt 樟卡,人名,布依族传说中的造物主。

③weangz 皇,布依族传说中的"皇"与汉语里的"皇"不是同一概念。布依语中的"皇"指智者。

拿 去 拴 下 涨 Aul bail laamh* lac zaangc*,[1]	拿去拴下架 樟卡把黄牛拴在木架下，
拿 去 拴 椦 猪 Aul bail laamh* wag* mul.	拿去拴圈猪 樟卡把黄牛拴在猪圈边。
樟 跳 闹 齐才 Zamcgabt ndudt* jizzaiz,	樟卡热闹齐才(状词) 樟卡非常高兴，
樟 跳 闹 齐浞 Zamcgabt ndudt* jizruz.	樟卡热齐淀(状词) 樟卡十分开心。
熿 别 不 自 死 Zeiz* ndagt* miz zeiz* daail,	别人买黄牛不死 别人的黄牛不会死，
熿 樟跳 来 自 死 Zez* zamcgabt mal gah daail.	樟卡的来自死 樟卡的黄牛莫名其妙地死了。
的 别 不 死 垊 Geiz* ndagt* miz daail baangx*,	别人的不死高塝 别人的黄牛不会死在高塝[2]坡，
樟 跳 的 自 来 死 垊 Zamcgabt dih* gah mal daail baangx*.	樟卡的自来死高塝 樟卡的黄牛会自己死在高塝坡。
樟 跳 闹 齐才 Zamcgabt qyas jizzaiz*.	樟卡难过齐才(状词) 樟卡非常难过，

①zaangc* 木架。指用三根高过人头的树木捆着上半部交叉地立在地上，形成一个三脚架，并固定树木的根部。
②高塝，指陡坡、斜坡或人迹罕至的山岩等。

樟 跳哭 齐泥 | 樟卡哭齐淀(状词)
Zamcgabt daic jizdul, | 樟卡十分伤心。

前 未字 背 纸 | 从前未书籍和纸
Goons fih sel[1] langl sal, | 从前没有纸张和书籍,

去 问 报 老驼 | 去问报老陀
Bail hams Baus legdoh.[2] | 樟卡去问报老陀。

前 未 衙 背 坛 | 从前未衙和坛
Goons fih ngaz langl danz, | 从前没有衙[3]和坛,

去 问 磨 老笠 | 去问磨老笠
Bail hams Mol laauxgabt. | 樟卡去问磨老笠。[4]

报 老驼 浪 说 | 报老陀这样说
Baus legdoh yaangc nauz, | 报老陀这样说,

磨 老笠 浪 讲 | 摩老笠和讲
Mol laauxgabt langl gaangc: | 磨老笠这样讲:

你 忙 去寡 想 皮 的 出 | 你忙去剖些皮它出
Mengz hanl bail yeh* geiz* nangl dih* os, | 你[5]快去把黄牛皮解剖出来,

扯 想 肉 的 去 卖 | 扯些肉它去卖
Luagt* gamz* noh dih* bail gaail. | 拿黄牛的肉去卖。

---

①sel 有两义,指文字和书籍,这里指书籍。
②Baus legdoh 报老陀(有的人译为布洛陀),人名,布依族传说中的人文始祖。
③衙,指衙门;坛,指县官评判理由或断案对错的台子。隐喻指官府。
④磨老笠(有人译为姆洛伽),人名,布依族传说中的造物主。
⑤你,指樟卡。

场 卖 剩 想 皮	场卖剩些皮
Jeex gaail leil* zeiz* nangl,	把卖剩下的牛皮带回来,
要 皮 做 麻 想	要皮做什么些
Aul nangl gueh maz raauh?	带牛皮回来做什么呢?
你 要 做 麻 你 乘 多	这要做什么这剩多
Nix aul gueh maz nix leil* laail?	剩下的牛皮拿做什么呢?
报 老驼 浪 说	报老陀和说
Baus legdoh langl nauz,	报老陀这样说,
磨 老笠 浪 讲	磨老笠和讲
Mol laauxgabt langl gaangc :	磨老笠这样讲:
日 而 好 拿 去 蒙 鼓 新	哪天好拿去蒙鼓新
Ngozlaez ndil aul bail wengc* guangl* mos,	看哪天吉日拿去蒙鼓,
日 而 好看 拿 去 惰 鼓 大	哪天好看拿去制作鼓大
Ngonzlaez mbaais* aul bail dos*① guangl* hungl*.	看哪天吉利拿去制成鼓。
惰 成 个 屁 一	制作成个第一
Dos* banz ndanl dazidt,	制作成第一个鼓,
做 提 戥 提镯	个这响声响亮(状词)
Gueh diz* dengc* dizzuz,	它的声音很响亮,
去 上 成 鼓 雷 去 了	去上成鼓雷去了
Bail saangl banz guangl* bac bail leeux.	它的响声如天上的雷声。

①dos* 指制作、打制。

惰　成　个　屁二
Dos* banz ndanl dazngih,
制作做个第二
制作成第二个鼓，

做　提　戥　提镯
Gueh diz* dengc* dizzuz,
个这响声响亮(状词)
它的声音很洪亮，

去　下　成　鼓　龙　去　了
Bail lac banz guangl* ngeh* bail leeux.
去下成鼓龙去了
它如同龙宫的鼓。

惰　成　个　屁三
Dos* banz ndanl dazsaaml,
制作成个第三
制作成第三个鼓，

做　提　戥　提镯
Gueh diz* dengc* dizzuz,
个这响声响亮(状词)
它的声音很洪亮，

去　上　成　鼓　买　去　了
Bail saangl banz guangl* zeix* bail leeux.
去上成鼓买去了
被四面八方的人买去了。

惰　成　个　屁四
Dos* banz ndanl dazsis,
制作成个第四
制作成第四个鼓，

做　提　戥　提镯
Gueh diz* dengc* dizzuz,
个这响声响亮(状词)
它的声音很洪亮，

去　正　成　鼓　风　去　了
Bail seis* banz guangl* romz bail leeux.
去正成鼓风去了
成了鼓风的大鼓。

惰　成　个　屁五
Dos* banz ndanl dazhac,
制作成个第五
制作成第五个鼓，

做　提　戥　提镯
Gueh diz* dengc* dizzuz,
个这响声响亮(状词)
它的声音很洪亮，

有　儿伦　留　鼓
Biex* leglenz*① doc* guangl*,

助词最小的儿子留鼓
最小的儿子留下自用，

有　文　屁　累　鼓
Biex* wenz daaix*② leil* guangl*.

助词人尾留鼓
幺儿留下了鼓自用。

提　棒　鼓　屁一
Reuc* faix③ guangl* dazidt,

提棒鼓第一
打第一棒鼓，

斜　去　边　东方
Nyangh* bail baaih Dongyfangy,

传去边东方
鼓声传去东方，

二　三　坡　边那　怎　落
Soongl saaml bol baaihonx* singx* laagt*,

两三坡那边不停垮塌
东方那边的两三座山立即垮塌，

七　八　坡　边那　怎　倒
Xedt beedt bol baaihonx* singx* lams*.

七八坡那边不停倒塌
东方那边的七八座山立即倒塌。

死　儿　屁　补淤
Daail leg daaix* buxyih*,④

死儿尾野鬼
野鬼的幺儿立即死，

坏　儿　前　补淤
Waaih* leg goons buxyih*,

坏儿前野人
野鬼前世的儿子立即死，

而　于　死　想淤
Leh* yiz* daail geiz* yins*.

它也死这样
野鬼们也立即死。

---

①leglenz* 原义指爱子，这里泛指最小的儿子。下句的幺儿，意思与此相同。

②daaix* 原义指臀部（屁股）、物体的底部及事物数量上的排序的尾（末尾），这里与前面的 wenz 组合，指幺儿。

③faix 原义指树、木，这里指棒。

④buxyih* 指游离于人间的野鬼。

提 棒 鼓 屁二 Reuc* faix guangl* dazngih,	提棒鼓第二 打第二棒鼓,
斜 去 遍 南方 Nyangh* bail baaih Nanffangy.	斜去边南方 鼓声传去南方。
死 儿 大 主 印 补淤 Daail leg nugt* suc yins* buxyih*,	死儿大主祭祀野人 野鬼的大儿子立即死,
死 儿 乖 师 厨 主 印 补淤 Daail leg zenh* zaanh* zuz* suc yins* buxyih*,	死儿乖厨师主祭祀野人 野鬼厨师的大儿子立即死,
而 于 死 想 淤 Leh* yiz* daail gaiz* yins*.	它也死顺便 野鬼们也立即死。
提 棒 鼓 屁三 Reuc* faix guangl* dazaaml,	提棒鼓第三 打第三棒鼓,
斜 去 遍 西方 Nyangh* bail baaih Xiyfangy,	斜去边西方 鼓声传去西方,
死 补 𩯁 灉 广 Daail buxmengh* saz* senz,	死长胡子的人杂乱(状词) 胡须杂乱的野鬼立即死,
死 补 𪗉 灉 婆 Daail buxyeeul* zaz* boz*,	死年老老太婆们 老态龙钟的野鬼立即死,
死 补 驼 主 不 Daail bux doz* suc* beah,[1]	死人缠收衣服 那些缠绕人的收破烂衣服的野鬼立即死,

①bux doz* 指缠绕的人。这里指缠绕人的、收破烂衣服的野鬼。suc* beah 一般与 faangz(鬼)组合,成为 faangz suc* beah 即收破烂衣服的野鬼,经文中省略了 faangz。

而 于 死 想 淤
Leh* yiz* daail gaiz* yinl*.

它也死顺便
野鬼们也立即死。

提 棒 鼓 屁 四
Reuc* faix guangl* dazsis,

提棒鼓第四
打第四棒鼓，

斜 去 遍 北 方
Nyangh* bail baaih Beffangy,

斜去边北方
鼓声传去北方，

死 补 要 柴 生
Daail bux aulwenz*[1] ndibt*.

死人砍柴生
那些砍生柴的野鬼立即死，

死 补 捡 柴 湿
Daail bux jibt* wenz* damz*.

死人捡柴湿
那些捡湿柴的野鬼立即死，

死 补 笑 脸 好看
Daail bux ndil nac mbaaus*,

死人好脸漂亮
那些艳鬼立即死，

而 于 死 想 淤
Leh* yiz* daail gaiz* yins*.

它也死顺便
野鬼们也立即死。

提 棒 鼓 屁 五
Reuc* faix guangl* dazhac,

提棒鼓第五
打第五棒鼓，

斜 去 遍 中 央
Nyangh* bail baaih Zongyyangy,

斜去边中央
鼓声传去中央方[2]位，

送 淤 死 桐 合
Haec yih* daail dos hoz,

让野人死立即(状词)
让那些嘻嘻哈哈的野鬼立即死，

①aulwenz* 指要柴、砍柴。
②中央方，即指中间方，中间方是相对于东南西北的方向而言，即中间。

送　淤　死　相　哈 Haec yih* daail sos senz.	让野人死立即(状词) 让那些隐隐约约的野鬼立即死。
死　了　种　了　耗 Daail leeux zuangc* leeux yaanl*,	死各种各样 让各种各样的野鬼去死,
死　了　块　了　鞋 Daail leeux gaais* leeux yaaiz*,	死完块完段 让所有的野鬼去死,
而　于　死　想　淤 Leh* yiz* daail gaiz* yins*.	它也死顺便 野鬼们也立即死。
奇　你我　祭　咔 Jiz* nix gul jis* leeux,	到这我就完 摩经念到此我就结束,
碗　你我　祭　了 Ngonznix gul jis* leeux.	今天我就完 今天我念摩经结束。

MOL HAC BAIZ LAZ* /五棒锣经①

儿 补 日 世先	儿人天从前
Leg bux ngonz xeeuhndux,	远古的小孩，
孙 补 呆 世前	孙人祖先世前
Laanl bux daih* xeeuhgoons.	从前的小孩。
坐 傍 八 不 哺	坐高塝不安
Nangh baangx* bas* miz nyianc*,	坐在坡坎上就在想，
涀 傍 偏 不 眠	望斜坡不安宁
Nyianl* baangx* bianc* miz mianz*.	望着斜坡静静地想。
方 而 有 硖 铁	方哪有矿铁
Bongl* laez lix zaangx* faz?	哪方有铁矿？
边 而 有 硖 铜	边哪有矿铜
Baaih laez lix zaangx* luangz?	哪里有铜矿？
方 堂 方 不 有 硖 铁	方到方没有矿铁
Bongl* dangz bongl* mix lix zaangx* faz,	到处寻铁矿，

①五棒锣，指敲锣五下。

傍 堂 傍 不有铁 铜
Baangx* dangz baangx* miz lix faz luangz.

斜坡到斜坡没有铁铜
到处探铜矿。

要 在 快 满 快
Aul xos guail* riml guail*,

要在筐满筐
找来满筐的矿，

扫 在 拜 满 拜
Badt* xos dib* riml dib*.

扫在 挑箩满挑箩
找来了满箩的矿。

铸 在 船 浪 外
Zuangs* xos ros* langl roh,

放在路边和外面
运矿放野外，

铸 在 旁 皮 麚
Zuangs* xos baangx* langl aanl*,

放在斜坡皮野猫
放在野外的坪坝上。

风 吹 去 吹 来
Rumz① budt* bail budt* mal,

风横扫去横扫来
用风箱的风吹来又吹去，

水 铜 化 于 哑
Ramx luangz jingh* yiz yaz.

水铜泄地快速(状词)
铜矿融化溢满地。

风 吹 去 吹 来
Rumz budt* bail budt* daaus,

风吹去吹回来
用风箱的风吹来吹去，

水 铜 道 于 缠
Ramx luangz daauc* yiz yongh.

水铜倒快速(状词)
铜水快速倒出来。

水 铜 化 去 下
Ramx luangz jingh* bail lac,

水铜泄地去下
铜水泄下去，

---

①Rumz 风，这里指风箱里吹出来的风。

肉 铜 长 来 上
Noh luangz mac mal genz.

肉铜长来上
纯铜块露出来。

铸 成 个 屁 一
Daauc* banz ndanl dazidt,

铸成个第一
用铜铸成第一块铜坯，

补 官 得 做 个 印 去 了
Bux gunl* ndaix gueh ndanl yins* bail leeux.

人官家得做个印去了
官府的人拿去做印了。

铸 成 个 屁 二
Daauc* banz ndanl dazngih,

铸成个第二
用铜铸成第二块铜坯，

百 姓 得 做 个 铜 鼓 去 了
Baadt* idt ndaix gueh ndanl guangl* nyinz* bail leeux.

百姓得做个铜鼓去了
百姓拿去铸铜鼓了。

剩 屎 𬬻 要 撂
Leil* eex* sax* aul liaul*,

剩下渣滓拿材料
只剩下了铜渣，

撂 有 𬬻 要 剩
Liaul* lix mid gaais* luangz.

材料有刀的铜
只剩下可以做铜刀的渣。

报 老驼 养 说
Baus legdoh yaangc nauz,

报老陀这样说
报老陀这样说，

磨 老笠 养 讲
Mol laauxgabt yaangc gaangc :

磨老笠这样讲
磨老笠这样讲：

要 做 枫 口 宽
Aul gueh romz* bas ax,

要做锣口张开
拿铜坯打制成宽口的锣，

池 成 枫 口 宽
Zez* banz romz* bas ax.

就成锣口张开
就成宽口的锣。

要 做 锣 心 转
Aul gueh laz ndeil* bans,
要做锣心转
拿铜坯打制成圆形的锣，

池 成 锣 心 转
Zez* banz laz ndeil* bans.
就成锣心转
就成圆形的锣。

提 棒 锣 屁 一
Dez faix laz dazidt,
提棒锣第一
敲第一棒锣，

斜 去 遍 东 方
Nyangh* bail baaih Dongyfangy,
斜去边东方
锣声传去东方，

二 三 坡 边那 怎 落
Soongl saaml bol baaihonx* singx* laagt*,
两三坡那边不停垮塌
东方那边的两三座山立即垮塌，

七 八 坡 边 那 怎 倒
Xedt beedt bol baaihonx* singx* lams*.
七八坡那边不停倒塌
东方那边的七八座山立即倒塌。

死 儿 屁 补淤
Daail leg daaix* Buxyih*,
死儿尾野鬼
野鬼的幺儿立即死，

坏 儿 前 补淤
Waaih* leg goons Buxyih*,
坏儿前野人
野鬼前世的儿子立即死，

而 于 死 想 淤
Leh* yiz* daail geiz* yins*.
它也死这样
野鬼们也立即死。

提 棒 锣 屁 二
Reuc* faix laz dazngih,
提棒锣第二
敲第二棒锣，

斜 去 遍 南方
Nyangh* bail baaih Nanffangy.
斜去边南方
锣声传去南方。

死 儿 大 主 印 补淤
Daail leg nugt* suc yins* buxyih*,
死儿大主祭祀野人
野鬼的大儿子立即死，

死 儿 称 师 厨 主 印 补淤
Daail leg zenh* zaanh* zuz* suc yins* buxyih*,
死儿乖厨师主祭祀野人
野鬼厨师的大儿子立即死，

而 于 死 想 淤
Leh* yiz* daail gaiz* yinl*.
它也死顺便
野鬼们也立即死。

提 棒 锣 屁三
Reuc* faix laz dazsaaml,
提棒锣第三
敲第三棒锣，

斜 去 遍 西 方
Nyangh* bail baaih Xiyfangy,
斜去边西方
锣声传去西方，

死 补䌷 灖 广
Daail buxmengh* saz* senz,
死长胡子的人杂乱(状词)
胡须杂乱的野鬼立即死，

死 补䶖 灖 婆
Daail buxyeeul* zaz* boz*,
死年老老太婆们
老态龙钟的野鬼立即死，

死 补 驼 主 不
Daail bux doz* suc* beah,
死人缠收衣服
那些缠绕人的收破烂衣服的野鬼立即死，

而 于 死 想 淤
Leh* yiz* daail gaiz* yinl*.
它也死顺便
野鬼们也立即死。

提 棒 锣 屁四
Reuc* faix laz dazsis,
提棒锣第四
敲第四棒锣，

斜 去 遍 北方
Nyangh* bail baaih Beffangy,
斜去边北方
锣声传去北方,

死 补 要柴 生
Daail bux aulwenz* ndibt*.
死人砍柴生
那些砍生柴的野鬼立即死,

死 补 捡 柴 湿
Daail bux jibt* wenz* damz*.
死人捡柴湿
那些捡湿柴的野鬼立即死,

死 补 笑 脸 好看
Daail bux reul nac mbaaus*,
死人笑漂亮
那些艳鬼立即死,

而 于 死 想 淤
Leh* yiz* daail gaiz* yins*.
它也死顺便
野鬼们也立即死。

提 棒 锣 屁五
Reuc* faix laz dazhac,
提棒锣第五
敲第五棒锣,

斜 去 遍 中央
Nyangh* bail baaih Zongyyangy,
斜去边中央
锣声传去中央方位,

送 淤 死 桐 合
Haec yih* daail dos hoz,
让野人死立即(状词)
让野鬼立即死,

送 淤 死 相 哈
Haec yih* daail sos senz.
让野人死立即(状词)
让野鬼马上亡。

死 了 种 了 耗
Daail leeux zuangc* leeux yaanl*,
死各种各样
让各种各样的野鬼去死,

死　了　块　了　鲜	死完块完段
Daail leeux gaais* leeux yaaiz*,	让所有的野鬼都去死,
而　于　死　想　淤	它也死顺便
Leh* yiz* daail gaiz* yins*.	野鬼们也立即死。
奇　你　我　祭　哰	到这我就完
Jiz* nix gul jis* leeux,	摩经念到此我就结束,
碗　你　我　祭　了	今天我就完
Ngonznix gul jis* leeux.	今天我念摩经结束。

MOL SENS* ZAANGH* /请神经

中　央方　补　头　壳 Bongl* Zongyyangy bux jauc beangz,	方中间人头地方 中间方位是地方的首领,
中　央方　补　马　粮 Bongl* Zongyyangy bux max liangz*.	方中间人马铃 中间方位是领头的马。
儿　家　你　去　随 Leg renz* nix bail reux*,	儿家这去跟 主家的儿子跟着去请神,
儿　家　你　有　小 Leg renz* nix lix nis.	儿家这有小 主家的儿子还小,没法去请神。
外　家　你　去　随 Wois renz* nix bail reux*,	奴仆家这去随 主家的奴仆跟随去请神,
外　家　你　桐　不 Wois renz* nix mbox* miz.	奴仆家这不愿 主家的奴仆不愿跟随去请神。
送　马　官　去　叫 Haec max gunl* bail yeeuh,	让马官去喊 让马官①去请神,
马　官　走　脚　罛　去　了 Max gunl* byaaic dinl ndaais bail leeux.	马官走脚累 马官走累了。

①马官,指布依族传说中专管马的神。下句的人官,指布依族传说中专管人的神。

送 文 官 去 叫　　让人官去喊
Haec wenz gunl* bail yeeuh,　　让人官去请神，

文 官 走 脚 淤去 了　　人官走脚助去了
Wenz gunl* byaaic dinl yiz bail leeux.　　人官的脚走痛了。

要 想麻 去 勾 你 生　　要什么去招待你来
Aul gezmaz bail degt* mengz dauc?　　拿什么礼物去请你[1]才来？

弩 想 骨 去 随 你 生　　弩的骨去随你来
Ndeic* gaiz* ndos bail ringz* mengz dauc,　　骨做的弩跟随你来，

壶鹅 龙 去 随 你 生　　恶龙去随你来
Duezwol* luangz bail ringz* mengz dauc,　　恶龙跟随你来，

圈 儿诺 去 随 你 生　　圈手镯去随你来
Guanh* legnoc* bail ringz* mengz dauc,　　手镯跟随你来，

环 儿幁 去 随 你 生　　环黄瓜去随你来
Guaic* legdingl* bail ringz* mengz dauc.　　黄瓜做的环跟随你来。

请 生 坐 下 楼　　请来坐下楼
Sens* dauc rangh* lac lauz,　　请神来楼下坐，

请 生 青 下 伞　　请来坐下伞
Sens* dauc yaaul* lac liangc,　　请神来伞下坐，

请 生 要 钱 柯　　请来拿钱送
Sens* dauc aul xeenz goc*,　　用钱请神来，

[1]你，指神，下几句同。

请　生　纳　钱　送
Sens* dauc aul xeenz haec.
请来拿钱给
请用钱请神至。

奇　你　我　祭　咔
Jiz* nix gul jis* leeux,
到这我就完
摩经念到此我就结束，

碗　你　我　祭　了
Ngonznix gul jis* leeux.
今天我就完
今天我念摩经结束。

珥　耳　浧　老　的
Gaml* rez nyiel laaux* dih*,
竖耳听说话
竖起耳听着，

歪　耳　听　老　的
Nyangh* rez nyiel laaux* dih*.
侧耳听说话
侧起耳听着。

请　你　主　文　擁　太　细
Sens* mengz suc wenz yongh* dais* sais*,
请你主人太细神
请先祖太细神，

细　我　海　上　天
Sais* gul haec genz mbenl,
从我给上天
请天上的神，

请　你　来　坐　下　楼
Sens* mengz mal rangh* lac lauz,
请你来坐下楼
请你[1]来楼下坐，

请　你　来　青　下　伞
Sens* mengz mal rianl* lac liangc.
请你来坐下伞
请你来伞下坐。

请　你　来　要　钱　柯
Sens* mengz mal aul xeenz goc*,
请你来要钱送
用钱请你来，

①你，指神。

请 你 来 纳 钱 送
Sens* mengz mal aul xeenz haec.

请你来拿钱给
用钱请你至。

请 来 要 公 犢 大
Sens* mal aul dag zeiz* hungl*,

请来要公黄牛大
用成年的公黄牛请你，

请 生 要 妀 犢 好
Sens* dauc aul laaus*① zeiz* ndil.

请来要半大黄牛好
用成年的母黄牛请你。

请 生 要 公 犢 老
Sens* dauc aul dag zeiz* jees,

请来要公黄牛老
请你来拿老黄牛，

请 生 要 母 犢 大
Sens* dauc aul meeh zeiz* hungl*.

请来要母黄牛大
请你来拿母黄牛。

请 你 来 坐 下 楼
Sens* mengz mal rangh* lac lauz,

请你来坐下楼
请你来楼下坐，

请 你 来 青 下 伞
Sens* mengz mal rianl* lac liangc.

请你来坐下伞
请你来伞下坐。

排 你 请 你 了
Baiz nix sens* mengz leeux,

次这请你了
到此已全部请到你们所有的神，

我 莱 随 补 新
Gul laic* reux* bux mos,

我要随人新
我②要去请新的神，

①laaus* 多义词，有半大、成年、成熟等义。这里指成年。下同。
②我，指摩师。下同。

我 莱 作 补 后　　我是坐人后
Gul laic* gueh bux langl,　　我要去请后面的神。

请 你 文 种 各 世先　　请你人各种远古
Sens* mengz wenz zuangc* daangs xeeuhndux,　　请古时各种各样的神，

补 𡢐 各 世前　　人各种从前
Bux buns* daangs xeeuhgoons.　　请从前各种各样的神。

请 你 来 要 钱 柯　　请你来要钱送
Sens* mengz mal aul xeenz goc*,　　用钱请你来，

请 你 来 纳 钱 送　　请你来拿钱给
Sens* mengz mal aul xeenz haec.　　用钱请你至。

请 你 报 仙皇 世先　　请你仙皇远古
Sens* mengz Baus sianl* weangz xeeuhndux,　　请你古时的仙皇神，

补 仙 皇 世前　　人仙皇前世
Bux sianl* weangz xeeuhgoons.　　请你从前的仙皇神。

请 你 报 皇蛛 世先　　请你蜘蛛皇远古
Sens* mengz Baus weangzgaaul xeeuhndux,　　请你远古的蜘蛛皇神，

补 皇蛛 世前　　蜘蛛皇从前
Bux weangzmuengx* xeeuhgoons.　　请你从前的蜘蛛皇神。

请 你 二 兄弟 上戎　　请你两兄弟高坝
Sens* mengz soongl bixnuangx saanglnduail*,　　请你高坝上的两兄弟，

请　你　补　骑　马　守　槽
Sens* mengz bux goih max daez zaauz*,

补　拿　好　守　㡟
Bux aul ndil daez mbenx*,

请　你　补　骑　马　𠀾
Sens* mengz bux goihmax sax* mbenl,

补　脚　毛　巴　泥
Bux gal benl bac* naamh.

请　你　补　吃　肉　鸭　肥
Sens* mengz bux genl noh bidt biz,

杀　文　好　不　偿
Gac wenz ndil miz bengh*,

请　你　补　吃　肉　鸭　坠
Sens* mengz bux genl noh bidt zaml*,

杀　文　魂　不　偿
Gac wenz wanl miz bengh*.

请　你　补　琅　夺
Sens* mengz Bux langx* doz*,

请　你　补　琅　兑
Sens* mengz Bux langx* duaih*.

请你人骑马守槽
请你骑马守槽的神，

人要好守床铺
请你守床铺的神，

请你人骑马摸天
请你骑马能摸天的神，

人脚毛粘泥
请你赤脚粘着泥的神。

请你人吃肉鸭肥
请你吃肥鸭肉的神，

杀人好不赔偿
请你杀好人不赔偿的神，

请你人吃肉鸭坠
请你吃鸭肉的神，

杀人魂不赔偿
请你杀人魂不需要赔偿的神。

请你布琅夺
请你布琅夺，[①]

请你布琅兑
请你布琅兑。

①布琅夺及下句的布琅兑，布依族传说中的神。

请　你　补 脸 有　个　筛　大	请你人脸有个筛大
Sens* mengz bux nac lix gaauh* rangl* laaux,	请你脸如筛子大的神，
补　鼻　有　个　炉　具	补鼻有个风箱大
Bux ndangl lix gaauh* baaih* ndugt*。	请你鼻孔如风箱大的神。
请　你　来　纳　钱　做	请你来要钱送
Sens* mengz mal aul xeenz goc*,	用钱请你来，
请　你　来　纳　钱　送	请你来拿钱给
Sens* mengz mal aul xeenz haec.	用钱请你至。
请　生　纳　徒　猪　粽	请来要猪半大
Sens* dauc aul duezmul laaus*,	请你来拿成年的猪，
妏　猪　好	如同猪好
Saauh* mul ndil.	请你来拿肉猪。
请　生　纳　徒 狗　粽	请来要狗半大
Sens* dauc aul duezmal laaus*,	请你来拿成年的狗，
妏　狗　好	如同狗好
Saauh* mal ndil,	请你来拿草狗。①
请　生　纳　徒鹅　粽	请来拿鹅半大
Sens* dauc aul duezhaans laaus*,	请你来拿成年的鹅，
妏　鹅　好	如同鹅好
Saauh* haans ndil.	请你来拿肉鹅。

①草狗，布依族地区指肉的质量好的狗。

请　　生　纳　徒鸭　　粽

Sens* dauc aul duezbidt laaus*,

请要拿鸭半大

请你来拿成年的鸭，

妆　　鸭　好

Saauh* bidt ndil.

如同鸭好

请你来拿肉鸭。

请　　生　纳　徒鸡　　粽

Sens* dauc aul duezgais laaus*,

请来拿鸡半大

请你来拿成年的鸡，

妆　　鸡　好

Saauh* gais ndil.

如同鸡好

请你来拿肉鸡。

讲　　生　纳　说　生　　领

Gaangc dauc aul nauz dauc lingx*.

讲来要说来领

这些都是你要的礼物。

奇　你　我　祭　　吱

Jiz* nix gul jis* leeux,

到这我就完

摩经念到此我就结束，

碗　　你　我　祭　　了

Ngonznix gul jis* leeux.

今天我就完

今天我念摩经结束。

MOL BAAUC ZAANS　保赞经[①]

跙　耳　浞　老　的	竖耳听说话
Gaml* rez nyangh* laaux* dih*,	竖起耳听着，
歪　耳　听　老　的	侧耳听说话
Nyangh* rez nyiel laaux* dih*.	侧起耳听着。
二　徒鸡　相打　角　园	两鸡相打角园
Soongl duezgais dungxdiz jih* sunl*,	两只鸡在菜园角打架，
二　徒羊　相打　角　楼	两羊相打角畜圈
Soongl duezyuangz dungxdiz jih* wag*.	两只羊在畜圈边打架。
三四　兄弟　帮气　统　生　做莫	三四兄弟帮忙互算做摩
Saamlsis bixnuangx dianglreengz dungx suans gueh mol,	三四兄弟互相商量来做祭祀，
撞　徒　大　池　杀　徒　大	遇动物大就杀动物大
Xabt duez hungl* zez* gac duez hungl*,	家有大的动物就杀大的动物，
逢　徒　小　池　杀　徒　小	碰动物小就杀动物小
Bongl* duez nis zez* gac duez nis.	家有小的动物就杀小的动物。[②]

①保赞，布依语，指赶走（野魂）。

②以上两句暗示主事家全力举行祭祀仪式，如家有大猪就杀大猪，家有小猪就杀小猪。

你 不 要 作 怪

Mengz mis* aul gueh guais*,

你不要作怪

你[1]不要作怪，

你 不 籁 做 胙

Mengz mis* wais* gueh zex*,

你不乱推脱

你不要推脱。

补而 好 其 生 做 肉

Buxlaez ndil zez* dauc gueh noh,

谁人好就来做肉

谁有手艺好就来切肉，

补 而作 其 生 做 厨

Buxlaez zoh* zez* dauc gueh zuz*.

谁人名就来做厨

谁有好厨艺就来掌勺。

肉 不 样 下 来

Noh mis* yaangc* lac laez,

肉不乱藏下地方

不能乱偷肉，

肉 不 抢 骨 香

Noh mis* wadt* ndos waanl.

肉不乱藏骨香

不能乱藏肉。

肉 不 样 下 来

Noh mis* yaangc* lac laez,

肉不丢下哪

肉不能少一两，

肉 不 揄 怀 包

Noh mis* gec daih* zaul*.

肉不藏衣袋

肉不能藏衣袋[2]。

补 来 做 儿肠

Buxlaez gueh legsaic?

谁人做小肠

谁来切猪小肠？

---

①你，泛指邻居。下同。

②以上四句是指寨邻来帮主家做厨，不能偷主家的肉。

补　来　砍　　屁　穿
Buxlaez ramc daaixgongl*?

谁人砍屁股
谁来砍猪臀部的肉去做菜？

做　　麻　怎　麻　　蒸
Gueh mal zez* mal nangc.

做来就来蒸
切好肉就拿来蒸。

你　　不　　要　做　怪
Mengz mis* aul gueh guais*,

你不要作怪
你不要作怪，

你　　不　　策　　做　㸃
Mengz mis* luanl* gueh zax*.

你不乱推脱
你不要推脱。

补　来　灵　　硐　　　窗
Buxlaez riauz* zuangh* daangs?

谁人瞄窗子
谁从窗户看？

补　来　头　　硐　　　门
Buxlaez sauc* zuangh* dul?

谁人找朝门
谁站在朝门边？

补　　添　鸭　　添　鸡　绝　来
Bux diaml bidt diaml gais zez* mal,

人增鸭增鸡就来
有的人拿鸭和鸡来祭祀，

补　　添　猪　　添　狗　绝　生
Bux diaml mul diaml mal zez* dauc.

人增猪增狗就来
有的人拿猪和狗来祭祀。

你　　不　要　　做　　怪
Mengz mis* aul gueh guais*,

你不要作怪
你不要作怪，

你　　不　　策　　做　㸃
Mengz mis* luanl* gueh zax*.

你不乱推脱
你不要推脱。

奇 你我祭 咗

Jiz* nix gul jis* leeux,

到这我就完

摩经念到此我就结束，

碗 你我祭 了

Ngonznix gul jis* leeux.

今天我就完

今天我念摩经结束。

䎋 耳 混 老 的

Gaml* rez nyangh* laaux* dih*,

竖耳听说话

竖起耳听着，

歪 耳 听 老 的

Nyangh* rez nyiel laaux* dih*.

侧耳听说话

侧起耳听着。

你 在 边 那 成 林

Mengz xos baaih hanx* banz* ndongl,

你在边那山林

你①在那边山林，

我 在 边 这 成 河

Gul xos baaih nix banz* dah.

我在边这河岸

我②在这边河岸。

日 你 坐 下 楼

Ngonz mengz rangh* lac lauz,

天你坐下楼

今天你坐在楼下，

日 你 青 下 伞

Ngonz mengz rianl* lac liangc.

天你坐下伞

今天你坐在伞下。

我 去 边 那 你 不 得

Gul bail baaih hanx* mengz miz ndaix,

我去边那你不得

我去不了你那边，

①你，指各路神仙。

②我，指摩师。

你　来　边　这　我 不　得	你来边这我不得
Mengz mal baaih nix gul miz ndaix.	你也来不了我这边。
奇　你 我　祭　吱	到这我就完
Jiz* nix gul jis* leeux,	摩经念到此我就结束,
碗　你 我 祭　了	今天我就完
Ngonznix gul jis* leeux.	今天我念摩经结束。
踲　耳　涀　于 鸡	竖耳听助鸡
Gaml* rez nyangh* yiz gais,	竖起耳听说话呀鸡,
歪　耳　听　于　鸡	侧耳听助鸡
Nyangh* rez nyiel yiz gais.	侧起耳听说话呀鸡。
不　玎　麻　于 鸡	不增加啥助鸡
Miz diaml* maz yiz gais,	不增加啥呀鸡,
不　发　块　于　鸡	不发达块助鸡
Miz wac* gaais* yiz gais.	不发富呀鸡。
不　想　肉　你　厚 于 鸡	不想肉你厚助鸡
Miz zaml* noh mengz nal yiz gais,	不想你的肉呀鸡,
不　想　脚　你　奋　于 鸡	不想脚你肥助鸡
Miz zaml* gal mengz biz yiz gais.	不想你的腿呀鸡。

不 想 肉 你 足 做 䊊 于 鸡 不想肉你来做早饭助鸡
Miz zaml * noh mengz dauc gueh ngaaiz[①] yiz gais, 不是拿你的肉来做早饭呀鸡,

不 想 脚 你 足 跴 酒 于 鸡 不想脚你来下酒助鸡
Miz zaml * gal mengz dauc xial * lauc yiz gais. 不是拿你的腿来做下酒菜呀鸡。

羊 堂 徒 人 你 样群动物家这
Yaangz damz * duez renz * nix, 这家[②]准备的祭品,

羊 主 不 人 你 样收衣服家这
Yaangz suc * beah renz * nix. 这家主人供的祭品。

主 脸 绑 人 你 主脸面家这
Suc nac baangl * renz * nix, 这家主人很有脸面,

挷 脸 好看 人 你 面脸好看家这
Baanz * nac mbaaus * renz * nix. 这家主人的脸面很光彩。

下 去 方 桐 差 下去方远处
Lac bail bongl * mbox * daangh *, 往前去远处的一方,

下 去 边 桐 好 下去边好的
Lac bail baaih mbox * ndil. 往前去有好运的一方。

方 桐 差 方远处
Bongl * mbox * daangh *, 远处的一方,

---

①ngaaiz 指早饭。布依族在农忙时要吃四餐饭,一般在 11 点至下午 1 点吃的餐饭叫早饭,布依语叫 genl ngaaiz;而在下午 2 点至 4 点吃的餐饭叫午饭,布依语叫 genl ringz。

②这家,指请摩师举行解绑仪式的主家。下同。

边 桐 好
Baaih mbox* ndil.

边好的
有好运的一方。

去 闯 淤 脸 厚
Bail zabt* yih* nac nal,

去遇野脸厚
去遇到厚脸皮的野鬼，

去 闯 淤 眼 深
Bail zabt* yih* dal lag.

去遇野眼深
去遇到眼睛凹陷的野鬼。

倒 烧 恶 里 田
Lamx* zaz* qyas ndael naz,

摔倒烧恶里田
摔倒在邪气重的田里，

倒 烧 泙 闸 坝
Lamx* zaz* nyal* jaangl dongh.

摔倒杂丛中坝
摔倒在瘴气重的田坝中①。

鬼 恶 怎 来 随
Faangz qyas jis* mal reux*,

鬼恶就来跟随
恶鬼就跟随来，

鬼 伤 怎 来 都
Faangzsingl* jis* mal duh*.

鬼野就来蹲
野鬼就来附身。

晚 不 得 吃
Labt miz ndaix genl,

夜里不得吃
夜里没有东西吃，

夜 不 得 歇
Hamh miz ndaix ninz.

夜晚不得睡
夜晚没有地方睡。

①指横死野外。

日　而　好 我　来　补　捉　　哪天好我来人捉
Ngonzlaez ndil gul dauc bux gab,　　哪天日子好我[①]来赶走野鬼，

我　来　到　入　头　　我来进入要头
Gul dauc hauc aul gauc*.　　我先来赶野鬼。

要　㖞　来　歪　于 鸡　　要下颚来瞧助鸡
Aul lachaanz* dauc nyangh*[②] yiz gais,　　要拿你的下颚来占卜咯鸡，

找　你　来 赖　骨　于 鸡　　找你来看骨助鸡
Sauc* mengz mal laic* ndos yiz gais,　　找你来瞧骨卦咯鸡，

主　家　文 屁 九　补　屁 十　　主家人第九人第十
Sucraanz wenz daaixguc bux daaixxib.　　测主家第九个第十个儿子是吉是凶。[③]

朝　扛　犁　去 外　　早上扛犁去外
Hadt ged* zail bail roh,　　早上扛犁外出干活，

夜　扛　坤　来　家　　夜晚扛砣来家
Hamh ged* gunh*[④] mal raanz.　　夜晚扛农具回家。

摆　头　锄　其 作　于　作　　一锄头就挖助挖
Baiz gauc* mbaagt* zez* zoh* yiz zoh*,　　用锄头挖了再挖，

---

①我，指摩师。下同。

②nyangh*，指用鸡来瞧吉凶。布依族文化观念认为，若谁家或谁人突然生病，就要立即请摩师用鸡来瞧吉凶（或预测吉凶），并举行解绑仪式，驱除邪恶，恢复平安。

③指摩公先生推算主家第九个和第十个儿子是吉利还是凶。

④gunh* 原义指（一）砣，是一种模糊的物体，这里是指某种农具，如犁、耙等。

蒜 苔 贡 其 贡　　蒜薹弯就弯
Dug* wol* gongs* zez* gongs*.　　蒜薹弯就弯。

吃 盐 不 鹹 个 哪　　吃盐不咸哪个
Genl guel miz ndangs* wangx* laez,　　吃盐巴不讲咸淡,①

要 价 不 要 重 个 哪　　要价不要重哪个
Aul gah miz aul ndagt wangx* laez.　　要价也要讲公平。

的 不 做 戥 重 戥 轻　　的不做戥重戥轻
Dih* miz gueh sengs* ndagt* sengs* mbaul,　　戥秤不做假,

不 做 戥 轻 来 吃 他　　不做戥轻来吃别人
Miz gueh sengs* mbaul dauc genl ndagt*.　　不去坑害他人。

父 家 你 讲 着　　父家这讲直
Boh raanz nix gaangc zos*,　　主家父亲品行好,

儿 家 你 讲 好　　儿家这讲好
Leg raanz nix gaangc ndil.　　主家儿子品行好。

根 作 巅 其 作　　根直梢就直
Gogt zoh* byaail zez* zoh*,　　根直梢就直,

父 好 儿 其 好　　父好儿就好
Boh ndil leg zez* ndil.　　父亲有德儿子就有德。

①这句的原义是指,盐不会因人而变咸或变淡,喻指做人要正直、公平。

针 买 齿 你 去 于 鸡 金买齿你去助鸡
Jiml zeix* wanz*① mengz bail yiz gais, 拿金子做成的(牙)齿咯鸡,

银 买 牙 你 去 于 鸡 银买牙你去助鸡
Nganz zeix* yeeuc mengz bail yiz gais. 拿银子做成的牙咯鸡。

饭 在 饱 你 去 于 鸡 饭在嗉囊你去助鸡
Haux xos aail mengz bail yiz gais, 饭在你的嗉囊咯鸡,

䬳 在 肚 你 去 于 鸡 早饭在肚你去助鸡
Ngaaiz xos dungx mengz bail yiz gais. 早饭在你的肚里咯鸡。

帡 裹 脚 你 去 于 鸡 裹脚布缠脚你去助鸡
Langz*② jiauc* gal mengz bail yiz gais, 裹脚布缠你脚咯鸡,

纸 裹 秧 你 去 于 鸡 纸裹膝盖你去助鸡
Sal jiauc* yaangh*③ mengz bail yiz gais. 拿纸包你膝盖咯鸡。

我 说 你 儿䖸 于 鸡 我说你乖助鸡
Gul nauz mengz leglaic*④ yiz gais, 我说你可爱呀鸡,

我 橙 你 儿䨽 于 鸡 我告诉你骨气助鸡
Gul dangs mengz legsoil⑤ yiz gais. 我说你有骨气呀鸡。

来 说 菜 主 家 不 香 认为菜主人家不香
Laaih* nauz⑥ byagt sucraanz miz waanl, 认为主人家的菜不香,

---

①wanz* 指齿。下句的 yeeuc 指牙。
②langz* 裹脚布,指布依族在冬季用于裹脚保暖的布,长约 2 米,宽约 0.17 米。
③yaangh* 膝盖,nac yaangh* 及 gongc* wos* 均指膝盖。
④leglaic* 原义指幺儿,这里引申指小孩乖巧、可爱。
⑤legsoil,原义指小的气流,这里引申为有骨气、争气。
⑥laaih* nauz 认为、以为。

菜　主家　于　香　立你
Byagt sucraanz yiz waanl dangcnix.
菜主人家助香这样
其实主人家的菜很香。

来　说　话　主家　不　着
Laaih* nauz haaus sucraanz miz xos,
认为话主人家不在
认为主人家的话不好听，

话　主家　于　着　生
Haaus sucraanz yiz xos dauc.
话主人家助在来
其实主人家的话很好听。

你　走　路　不　吃　卡　个　哪
Mengz bail ronl miz genl gax* wangx* laez,
你去路不吃卡哪个
你[1]去路上不勒谁人的钱，

骑　马　不　添　钱　个　哪
Goihmax miz diml xeenz wangx* laez.
骑马不添钱哪个
你骑马不付费给哪个。

的　不　砍　头　坝　个　哪
Dih* miz ramc jauc byal wangx* laez,
它不砍头鱼哪个
它[2]不砍谁的鱼头，

的　不　托　裙　睡　丫　个　哪
Dih* miz dudt* winc ninz yah wangx* laez,
它不脱裙睡妻哪个
它不脱别人的裙子，

的　不　托　件　睡　丫　个　哪
Dih* miz dudt* gaais ninz yah wangx* laez.
它不脱的睡妻哪个
它不脱别人的睡衣。

养　横　不　少　巅　个　哪
Jingx* zeix* miz seuc baail*[3] wangx* laez,
养黄牛不少梢哪个
养黄牛不伤害他人，[4]

---

①你，指鸡。
②它，指鸡。下同。
③baail* 原义指梢、尾，是与根、头相对应，这里指黄牛的尾部，引申为好的黄牛肉。
④本句及以下三句，喻指不做缺德的人。

养　牛　不　少　寸　个　哪　　养水牛不少寸哪个
Jingx* waaiz miz seuc sans* wangx* laez.　养水牛不损害他人。

有　的　养　犢　来　少　巅　　有的养黄牛要少梢
Biex*[①] dih* jingx* zeiz* laic* seuc baail*, 有的人养黄牛就伤害他人，

养　牛　来　少　寸　　养水牛要少寸
Jingx* waaiz laic* seuc sans*.　有的人养水牛就损害他人。

等　请　老　董　犟　　等请酒聚拢
Zac* sens* lauc dungxroml,　要请大家来相聚，

等　陇　老　董　呼　　等聚拢酒互喊
Zac* roml lauc dungx yeeuh.　要约大家来相聚。

改　琅　请　我　皇　海　生　抓　　解绑和请我皇让来抓
Gaic*[②] langl sens* gul weangz haec dauc gab,　请布摩来解绑，

等　淤　察　生　喊　　等野鬼们来喊
Zac* yinl* zaz* dauc yeeuh.　等野鬼们叫喊。

有　的　养　犢　来　少　巅　　有的养黄牛要少尖
Biex* dih* jingx* zeiz* laic* seuc baail*,　有的人养黄牛就伤害他人，

养　牛　来　少　寸　　养水牛要少寸
Jingx* waaiz laic* seuc sans*.　有的人养水牛就损害他人。

---

①Biex*，多义词，这里指有的（人）。
②Gaic* 指举行解绑仪式。

等　请　老　董　羣
Zac* sens* lauc dungxroml,

等请酒聚拢
要请大家相聚，

等　陇　老　董　咩
Zac* roml lauc dungx yeeuh.

等聚拢酒互喊
要约大家相聚。

羊　堂　徒　你　鸡
Yaangz damz* duez nix gais,

样群动物这鸡
一群动物做祭品咯鸡，

羊　主　布　你　鸡
Yaangz suc beah nix gais.

样收衣服这鸡
衣服做祭品咯鸡。

针　买　齿　你　去　于　鸡
Jiml zeix* wanz* mengz bail yiz gais,

金买齿你去助鸡
拿金子做成(牙)齿咯鸡，

银　买　牙　你　去　于　鸡
Nganz zeix* yeeuc mengz bail yiz gais.

银买牙你去助鸡
拿银子做成牙咯鸡。

饭　在　饱　你　去　于　鸡
Haux xos aail mengz bail yiz gais,

饭在嗉囊 你去助鸡
饭在你的嗉囊咯鸡，

䭓　在　肚　你　去　于　鸡
Ngaaiz xos dungx mengz bail yiz gais.

早饭在肚你去助鸡
早饭在你的肚里咯鸡。

㡀　裹　脚　你　去　于　鸡
Langz* jiauc* gal mengz bail yiz gais,

裹脚布缠脚你去助鸡
裹脚布缠你脚咯鸡，

纸　裹　秧　你　去　于　鸡
Sal jiauc* yaangh* mengz bail yiz gais.

纸裹膝盖你去助鸡
拿纸包你膝盖咯鸡。

聑　耳　涀　于 鸡	竖耳听助鸡
Gaml* rez nyangh* yiz gais,	竖耳听我说话呀鸡，
歪　耳 听 于 鸡	侧耳听助鸡
Nyangh* rez nyiel yiz gais.	侧耳听我说话呀鸡。
叫　你　去　家　车	叫你去家棚架
Haec mengz bail renz* logt*,	叫你[①]去棚架做成的家，
你　怎　去　家　车	你就去家棚架
Mengz zez* bail renz* logt*.	你就去棚架做成的家。
拍　你　去　家　淤	吩咐你去家野鬼
Wagt*[②] mengz bail raanz yih*,	喊你去野鬼的家，
你　怎　去　家　淤	你就去家野鬼
Mengz zez* bail raanz yih*.	你就去野鬼的家。
即　坝　去 于　猛	几坝去助宽大
Jic dongh bail yiz mengh*,	经过几块很宽的田，
即　壳　去　于　闹	几地方去助热闹
Jic beangz bail yiz nudt*.	经过很热闹的地方。
挤　挨　寨　补 淤	得挨寨子野鬼
Ndaix namz* mbaanx buxyih*,	经过挨近野鬼的寨子，

①你，指鸡。

②wagt*，有叫、让、喊、吩咐、逼迫等义，这里指喊或叫。

走 硐 阑 的 六　　走朝门绿色的
Byaaic zuangh* jingz* dih* lux.[1]　　走过涂着各色的朝门。

时 你 堂 其 来 家 于 鸡　　时你到就是家助鸡
Zeiz* mengz dangz zez* siq raanz yiz gais,　　此时你已到鬼家那里了鸡，

时 你 堂 口关 于 鸡　　时你到关口助鸡
Zeiz* mengz dangz basjamh*[2] yiz gais.　　此时你已到鬼家的关口了鸡。

的 做 二 柯 枷 在 那　　它做两夹的在那
Dih* gueh soongl goc* gaab*[3] xos hanc*,　　它[4]家有栅栏，

枷 的 枷 窗 地　　夹的夹地里
Gaab* dih* gaab* zuangh* rih.　　栅栏围着菜地。

的 做 二 柯 枷 在 那　　它做两夹的在那
Dih* gueh soongl goc* gaab* xos hanc*,　　它家有栅栏，

地 的 地 窗 菜　　地它地各菜
Rih dih* rih daangs byagt.　　菜园里有各种各样的菜。

买 的 送 罢 你　　买它送给你
Zeix* dih* songs haec mengz,　　买菜来送给你，

日 你 扯 不 罢 于 鸡　　今天推不掉助鸡
Ngonznix luagt* miz bal* yiz gais.　　今天推不掉呀鸡。

---

①lux，原义指柳、柳树，这里指绿色。Dih* lux 原义指绿色的，这里指各色的。

②basjamh*，关口、垭口。

③gaab*，原义指夹，这里指栅栏。

④它，指野鬼。

双 翅 拿 闪 电 你 去 于鸡
Soongl fed gudt* nyabtbac* mengz bail yiz gais,

两翅抓紧闪电你去助鸡
双翅展开闪电般飞去呀鸡，

大 翅 拿 甏 瞒 你 去 于 鸡
Dac* fed gudt* soil riml mengz bail yiz gais.

展翅抓紧气满你去助鸡
展开双翅快速地飞去呀鸡。

宼 蹬 脚 宼 你 去 于 鸡
Ringz* diagt* dinl ringz*[①] mengz bail yiz gais,

一边蹬脚一边你去助鸡
一边用力蹬开双脚一边展翅飞翔吧鸡，

边 低 头 边 下 你 去 于 鸡
Ringz* dams* jauc ringz* lac mengz bail yiz gais.

一边低着一边下你去助鸡
一边低着头一边飞去吧鸡。

时 你 堂 其 𤘺 家 淤 于 鸡
Zeiz* mengz dangz jiezlaez renz* yih* yiz gais?

时你到哪里家野鬼助鸡
这时你到何处的鬼家了呢鸡？

时 你 堂 闸 坝 家 淤 于鸡
Zeiz* mengz dangz jaangl dongh renz* yih* yiz gais?

时你到中坝家野鬼助鸡
这时你到坝中的鬼家了吗鸡？

的 做 想 烧 毛 在 那
Dih* gueh gaiz* baul* benl xos hanc*,

它做的烧毛在那
它们[②]烧鸡毛阻挡在那里，

的 做 毛 烧 不亮 在 哪
Dih* gueh benl baul* zamh*[③] xos hanc*.

它做毛烧慢烧在那
它们慢慢烧鸡毛阻挡在那里。

想 的 是 皮 牛 死
Gaiz*[④] dih* siq nangl waaiz daail,

喜欢的是皮水牛死
喜欢的是牛皮，

---

①Ringz* diagt* dinl ringz*，布依语固定的句型，指一边……一边……。下一句也是一样的，Ringz* dams* jauc ringz*，即边……边……。

②它们，指野鬼。

③zamh* 指慢慢燃烧。

④gaiz* 原义指想、想念、可爱、怜爱、喜欢等义，这里指喜欢。

想 的 是 皮 牛 块
Gaiz* dih* siq nangl waaiz gaais.
喜欢的是皮水牛块
喜欢的是成块的牛皮。

买 的 送 你 罢
Maic* dih* haec mengz bal*,
这样让你
这样送你去呀鸡,

日 你 车 不 罢 于 鸡
Ngonznix logt miz bal* yiz gais.
今天推不脱呀鸡
今天推不掉呀鸡。

双 翅 拿 闪电 你 去 于 鸡
Soongl fed gudt* nyabtbac* mengz bail yiz gais,
两翅抓紧闪电你去助鸡
双翅展开闪电般飞去呀鸡,

大 翅 拿 鬞 瞒 你 去 于 鸡
Dac* fed gudt* soil riml mengz bail yiz gais.
展翅抓紧气满你去助鸡
展开双翅快速地飞去呀鸡。

宺 蹬 脚 宺 你 去 于 鸡
Ringz* diagt* dinl ringz* mengz bail yiz gais,
一边蹬脚一边你去助鸡
一边用力蹬开双脚一边展翅飞翔吧鸡,

宺 低 头 宺 下 你 去 于 鸡
Ringz* dams* jauc ringz* lac mengz bail yiz gais.
一边低着一边下你去助鸡
一边低着头一边飞去吧鸡。

时 你 堂 其[illegible] 家 淤 于 鸡
Zeiz* mengz dangz jiezlaez renz* yih* yiz gais,
时你到哪里家野鬼助鸡
这时你到哪里的野鬼家了呀鸡,

时 你 堂 门 朝 家 淤 于 鸡
Zeiz* mengz dangz dul jingx* renz* yih* yiz gais.
时你到门朝门家野鬼助鸡
这时你到野鬼家朝门了呀鸡。

公 狗 老 淤 咬
Dag mal laaux ringx* raus*,
公狗大跟着狂叫
鬼家的大公狗跟着狂叫,

公 鸡　舅 于　叫　　　　公鸡旧不停鸣叫
Buxgais gaus singx* hanl.　　　　鬼家的老公鸡不停地鸣叫。

想　烧　骨　吊　门　　　　爱烧骨吊门
Gaiz* baul* ndos diaul* dul,　　　　爱的是挂在门上的烧骨，

想　的　是　皮　牛　公　　　　爱的是皮水牛公
Gaiz* dih* siq nangl waaiz dag,　　　　爱的是公水牛的皮。

菜　添　䭫　查　老　　　　菜添早饭老人们
Byagt dianl* ngaaiz zaz* laaux,　　　　把饭和菜添给老人们吃，

买　的　送　你　罢　于　鸡　　　　这样让你掉助鸡
Maic* dih* haec mengz bal* yiz gais,　　　　这样送你去呀鸡，

日　你 车　不 罢　于 鸡　　　　今天推不脱助鸡
Ngonznix logt* miz bal* yiz gais.　　　　今天推不掉呀鸡。

冇　淤　关　门　大　　　　如野鬼关门大
Bieh* yih* gaanz* dul hungl*,　　　　如果鬼家关大门，

你　怎　蓬　门　窗　于　鸡　　　　你就奔门窗助鸡
Mengz zez* bongl* dul daangs yiz gais.　　　　你就从门窗冲进去呀鸡。

淤　怎　关　门　窗　　　　野鬼就关门窗
Yinl* zez* gaanz* dul daangs,　　　　如果鬼家关窗子，

你　怎　翻　头　已　　　　你就翻头屋檐
Mengz zez* waans* gauc* seic*,　　　　你就翻从屋檐下进去呀鸡，

太 硐 喂 徒 马 的 去 从处喂槽马那去
Dais zuangh* geal zaauz* max dih* bail, 从喂马槽的地方翻进去,

太 硐 落 草 徒牛 的 去 从处落谷草水牛那去
Dais zuangh* duagt* feangz[1] duezwaaiz dih* bail. 从丢草喂牛的洞翻进去。

去 做 血 在 水 洗 脚 于 鸡 去做血在水洗脚助鸡
Bail gueh lied xos ramx sois dinl yiz gais, 你要用血水洗脚呀鸡,

去 做 血 在 盆 洗脸 于 鸡 去做血在盆洗脸 助鸡
Bail gueh lied xos benz soisnac yiz gais, 你要用血水洗脸呀鸡。

送 淤 话 不 得 让声话不得
Haec hingl haaus miz ndaix, 要让鬼说不出声,

叫 淤 讲 不 成 喊声讲不成
Yaauh hingl gaangc miz banz. 要让鬼喊不出声。

口 你 做 把 学 于 鸡 口你做把锉刀 助鸡
Bas mengz gueh fag* sol* yiz gais, 你的嘴要变成一把锉刀呀鸡,

拿 去 学 两 眼补淤 于鸡 拿去锉两眼野鬼助鸡
Aul bail sol* soongl dal buxyih* yiz gais. 拿去锉野鬼的两只眼睛呀鸡。

脚 你 做 订 扒 于 鸡 脚你做钉耙呀鸡
Gal mengz gueh dongs* baz*[2] yiz gais, 你的脚要变成一把钉耙呀鸡,

---

①feangz 指谷草、稻草。zuangh* duagt* feangz,指丢草喂牛的洞。布依族是稻作民族,大多人家都养有牛,建有专门关牛的牛圈。在牛圈的旁边或楼上均堆放得有常年喂牛的稻草。在将稻草喂牛时,就从特意留出的洞或孔将稻草丢进牛圈喂牛,这个洞就叫丢草喂牛的洞。

②dongs* baz* 钉耙。布依族的一种传统劳动工具,形状像锄头。钉耙的耙头由铁制成,有三齿,齿长约 5 寸,把(柄)长约 1.5 米,多用于耙粪、耙植物和耙垃圾等。

拿 去 抓 两 眼 补 淤 于 鸡 拿去抓两眼野鬼助鸡
Aul bail gaz* soongl dal buxyih* yiz gais. 拿钉耙去耙野鬼的两眼呀鸡。

肠 你 做 索 铁 于 鸡 肠你做索铁助鸡
Saic mengz gueh zaag* faxz yiz gais. 把你的肠子变成一根铁链呀鸡，

拿 去 拴 补 淤 堂 仓 于 鸡 拿去拴野鬼到仓助鸡
Aul bail laamh* buxyinl* dangz eeux yiz gais. 将野鬼捆在谷仓里呀鸡。

堂 家 淤 怎 睡 立 仰 于 鸡 到家野鬼就睡仰天助鸡
Dangz raanz yinl* zez* ninz dangc* ngaanx* yiz gais, 你进家野鬼正在仰天睡觉呀鸡，

你 去 学 脸 嘴 补 带 怕 于 鸡 你去 锉额头人戴帕助鸡
Mengz bail sol* nacbas bux zamc* bangz* yiz gais. 你去锉那些额头戴帕的野鬼呀鸡。

堂 家 淤 怎 睡 立 卜 于 鸡 到家野鬼就睡匍匐助鸡
Dangz raanz yinl* zez* ninz dangc* ngamc* yiz gais, 你进家野鬼正在匍匐地睡觉，

你 去 学 喉 管 种 做 厨 于 鸡 你去锉喉管种做厨助鸡
Mengz bail sol* hozgoh* zuangc* gueh zuz* yiz gais. 你去锉那些厨师鬼的喉咙呀鸡。

你 去 死 儿屁 教 书 家 淤 于 鸡 你去死幺儿教书家野鬼助鸡
Mengz bail daail legdaaix soonssel raanz yih* yiz gais, 你去杀鬼家教书的幺儿呀鸡，

你 去 死 坐 日 打 算 家 淤 于 鸡 你去死坐天算账家野鬼助鸡
Mengz bail daail rangh* ngonz dungxsuns* raanz yih* yiz gais, 你去杀鬼家管账的人吧鸡，

你 去 死 补 儿 独 教 书 家 淤 于 鸡 你去死人独儿子教书家野鬼助鸡
Mengz bail daail bux legdoh soonssel raanz yih* yiz gais, 你去杀鬼家教书的独儿呀鸡，

你 去 死 补 坐 夜 打算 家 淤 于鸡
Mengz bail daail bux rangh * hamh dungxsuns * raanz yih * yiz gais.
你去死人坐夜打算家野鬼助鸡
你去杀鬼家连夜都算账的人呀鸡。

养 明日 叫 死
Yaangc * ngonzxoh haec daail,
叫明天让死
让野鬼明天死，

对 日耳 叫 死
Dois * ngonzrez haec daail.
对后天让死
让野鬼后天死。

⿰耳甘 耳 涀 于 鸡
Gaml * rez nyangh * yiz gais,
竖耳听助鸡
竖起耳听着鸡，

歪 耳 听 于 鸡
Nyangh * rez nyiel yiz gais.
侧耳听助鸡
侧起耳听着鸡。

我 说 你 不 戱 于 鸡
Gul nauz mengz miz nagt yiz gais,
我说你不重助鸡
我[1]说的话不重吧鸡，

我 橙 你 不 氳 于 鸡
Gul dangs mengz miz bus * yiz gais.
我告诉你不空助鸡
我说的话不是空话吧鸡。

你 去 浪 的 讲
Mengz bail langl dih * gaangc,
你去跟它讲
你去给野鬼讲，

到 其 祭 堂 天
Dangz jiz * jis * dangz dianh *,[2]
到地点祭到地点
转告要转告清楚，

①我，指摩师。

②dianh *，指地方、地点；下句的 liangs * 也指地方、地点。Dianh * 与 liangs * 同义。在上下句中用不同的词表达同一个意思，是为避免词汇重复，这是布依语诗歌（史诗）的特点之一。

讲　　堂其 祭　亮
Gaangc dangz jiz* jis* liangs*.

讲到地点祭地点
传话要传得详细。

奇 你我 祭 咗
Jiz* nix gul jis* leeux,

到这我就完
摩经念到此我就结束，

碗　你我 祭 了
Ngonznix gul jis* leeux.

今天我就完
今天我念摩经结束。[①]

①本节因重复的内容较多，已将重复部分做了删除。

布依族摩经典籍 帽吴经

MOL HAUX SAUS/食灶经[1]

世 前 未 沼 庭 背 房 从前未造世间和家
Xeeuhgoons fih zaaux* beangz[2] langl raanz, 从前未造世间和家，

晚 着 捩 池 睡 着 捩 夜晚在坎就睡在坎
Hamh xos guangs* zez* ninz xos guangs*. 夜晚逢地坎就睡地坎。

黑 着 保 池 睡 着 保 黑在地坎就睡在地坎
Labt xos baauz* zez* ninz xos baauz*, 黑在地坎就睡地坎，

黑 着 哪 池 睡 在 哪 黑在哪就睡在哪
Labt xos laez zez* ninz xos laez. 黑在哪里就睡在哪里。

沼 要 我 做 柱 造拿芦苇做柱
Zaaux* aul ngox* gueh saul, 造芦苇来做柱子，

沼 要 楼 做 枷 造拿楼做栅
Zaaux* aul lauz gueh gaab. 拿野树来做板壁。

要 笼 作 来 安 要笼作来安
Aul luangz* xos mal aanc*, 将像笼子一样的地方作为安身之地，

---

①食灶，布依语，指建房造屋、种植植物等。
②beangz，多义词，指世界、世间、地方和区域等，这里指世间。

要　笼　马 来　于　　　　　　　　拿笼马来遮挡
Aul ruangs* max mal yiz*.　　　　拿做马笼的树枝来遮风挡雨。

细　雨　生 齐 财　　　　　　　　细雨下淅沥(状词)
Wenlmans*① dauc jizzaiz,　　　　细雨淅淅沥沥地下,

湿　杆　头 补 男　　　　　　　　湿头帕男人
Damz gaans* jauc buxsaail.　　　　淋湿男人的头帕。

细　雨 生　齐捉　　　　　　　　细雨下滴答(状词)
Wenlmans* dauc jizzul,　　　　毛雨滴答地下,

湿　蹍　鞋　　儿女　　　　　　　湿鞋帮儿女
Damz baangc* haaiz*② legmbegt.　　　　淋湿了妇女的鞋帮。

儿　女 怎　苦　多　　　　　　　　妇女就苦多
Legmbegt zez* hamz laail,　　　　妇女就叫苦,

儿 男 怎　苦　夯　　　　　　　　男儿叫苦多
Legsaail yeeuh hamz laangh*.　　　　男人也叫苦。

汉　上 去 犢　马　　　　　　　　汉族上去贩马
Has genz bail buns max,　　　　上游③的汉族去贩卖马,

儿　皇 去 随　犢　　　　　　　　儿皇去随贩
Legweangz④ bail reux* buns*.　　　　皇儿跟着去贩卖马。

①Wenlmans* 指细雨、毛毛雨、小雨,形容雨小,但是连续下个不停。

②baangc* haaiz* 鞋帮。布依族过去都是自己做鞋子,鞋子分鞋底和鞋帮。

③上游,指河流的上游。

④Legweangz,是一个多义词,布依语指皇、皇儿、王、首领、头人、头领、祖先等,这里指皇儿。布依语中的皇,不是汉语意义中的皇(皇帝),指有勇有谋的人。

汉 下去 蟯 牛
Has lac bail buns waaiz,
汉族 下去贩水牛
下游的汉族去贩卖水牛,

儿 皇 去 随 蟯
Legweangz bail reux* buns*.
儿皇去随贩
皇儿也跟着去贩卖水牛。

孔 街 去 蟯 外
Gongx* jaail bail buns wois,①
街上去贩奴仆
街上有人去贩卖奴仆,

儿 皇 去 随 蟯
Legweangz bail reux* buns.
儿皇去随贩
皇儿也跟着去贩奴仆,

晓 铁 树 下 君 补汉 七 床
Rox faz faix lac jingz*② Buxhas jiz* zaiz*,
知铁树下院坝汉族整齐
见汉族人堆在院坝的树木很整齐,

见 树 下 家 补汉 七 宗
Ranl faix lac raanz Buxhas jiz* zongz*.
见树下房屋 汉族众 多
见汉族人堆在院坝的树木多。

几 棵 枷 几 说
Jic gol gaab* jic nauz,③
几棵栅几记数
汉族人的房子有几排栅栏都记清了,

几 棵 柱 几 数
Jic gol saul jic jis*,
几棵柱几记
汉族人的房子有几根柱都记清了,

几 排 枷 几 列
Jic baaiz gaab* jic liez*,
几排栅几行挑
汉族人的房子有几排柱都记清了,

①wois 指奴仆。古代时布依族地区有奴仆的存在,说明布依族地区经过奴隶制社会。
②jingz* 原义指朝门,这里指院坝。
③nauz 原义指说,这里指记数。

几 柯 列 几 数
Jic gol liez* jic jis*.

几棵穿枋几记
汉族人的房子有几棵穿枋都记清了。

要 在 夹 罢 落
Aul xos gaab*① laaul duagt,

拿在夹怕落
皇儿把建房资料装兜里怕丢，

要 在 㧐 罢 坠
Aul xos guangs*② laaul zaml*.

拿在小篾箩怕丢
拿建房资料放在小篾箩中怕丢。

寄 在 口 儿 细
Jis* xos bas leh* sais*,

记在嘴皇儿
皇儿记在嘴上，

呑 在 心 儿 转
Menl* xos zeil* leh* daaus.

暗在心儿转回
皇儿暗记在心里回来。

儿 去 背 补 汉 做 庚
Leg bail langl Buxhas gueh duangz*,③

儿去和汉族人做伙计
皇儿去和汉族人打伙计，

养 得 煤 回 燃
Yaangc* ndaix daans* daaus raanz.

才得煤炭转回家
才得煤炭回家烧。

儿 去 背 补 谷 做 庚
Leg bail langl Buxwongc* gueh duangz*,

儿去和山冲人做伙计
皇儿去和山冲人打伙计，

养 得 树 回 然
Yaangc* ndaix faix daaus raanz.

才得树转回家
才得树子回家建房。

①gaab 夹，指把汉族建房的资料装兜里。
②guangs* 指用竹篾编成的方形的小篾箩。
③duangz* 指同性之间打伙计，成为好朋友。

儿　去　背　补　铁淁　做　庚
Leg bail langl bux dizfaz gueh duangz*,

儿去和打铁匠做伙计
皇儿去和打铁匠打伙计，

养　得　炉　铁淁
Yaangc* ndaix baaih* dizfaz.

才得炉打铁
才得风箱回家打铁。

道　在　船　背　外
Daauc* xos ruez langl roh,

倒在船和外
得来的矿都放在外边，

道　在　边　皮　𧴀
Daauc* xos baangx* langl nyanl*.①

倒在斜坡和野猫
在野猫出入的地方炼铁。

风　吹　去　吹　来
Romz bos bail bos mal,

风吹去吹来
风箱里的风吹来吹去，

水　铁　化　于　㧒
Ramx faz jingh* yiz yoz.

水铁熔化快速状
铁炉里的铁水快速地熔化。

风　吹　去　吹　来
Romz bos bail bos daaus,

风吹去吹回
风箱里的风吹去吹来，

水　铁　道　于　擁
Ramx faz daauc* yiz yongh.

水铁倒快状
铁炉里的铁水快速地流出来。

水　铁　化　去　下
Ramx faz jiux* bail lac,

水铁熔去下
铁矿熔化倒进模具里，

肉　铁　长　来　上
Noh faz mac mal genz.

肉铁长来上
纯铁坯就凝固地涨上来。

①nyanl* 原义指野猫，这里指野猫经常出入的地方。

要 做 个 儿壤 细
Aul gueh gaauh* legriangc* sais*,①

拿做个小的工具
拿铁坯做成铁匠的小工具，

池 成 个 儿壤 细
Zez* banz gaauh* legriangc* sais*.

就成个小的工具
就成铁匠的小工具。

要 做 党 打铁
Aul gueh dengx*② dizfaz,

拿做墩打铁
拿铁坯做成打铁墩，

池 成 党 打铁
Zez* banz dengx* dizfaz.

就成墩打铁
就成打铁墩。

要 做 斧 口 宽
Aul gueh waanl bas mbaangx*,

要做斧口宽
拿铁坯做成宽口斧，

池 成 斧 口 宽
Zez* banz waanl bas mbaangx*.

就成斧口宽
就成宽口的斧。

要 做 痄 口 标
Aul gueh zax* bas jiauh*,

要做刮口直
拿铁坯做成刮树皮的直刀，

池 成 痄 口 标
Zez* banz zax* bas jiaunh*.

就成刮口直
就成刮树皮的直刀。

斧 口 宽 齐 叩
Waanl bas mbaangx* zaiz*③ weih*,

斧口宽齐了
宽口斧有了，

①legriangc* sais* 泛指铁匠使用的小的工具，如小铁錾、短铁錾等。

②dengx* 原义指棍子、棒子，这里引申指打铁匠用于打铁的、竖起的墩子。

③zaiz* 原义指齐，这里指宽。

迊 口 标 齐 炭	刮口直齐全
Zax* bas jiauh* zaiz* riauh*.	刮树皮的直刀有了。
斧 口 宽 齐 冉	斧口宽亦锋利
Waanl bas mbaangx* yiz* hauc,	宽口斧很锋利,
迊 口 标 齐 尖	刮口直亦尖
Zax* bas jiauh* yiz* soml.	刮树皮的直刀也很锋利。
去 呈 树 林 奓	去巡游树林宽
Bail zenz* faix ndongl guangs,	去宽广的树林巡游,
去 砍 树 林 大	去砍树林大
Bail wanz faix ndongl hungl*.	去砍大森林里的树。
几 林 大 几 砍	几林大几砍
Jic ndongl hungl* jic wanz*,	几片大的树林都走过了,
几 林 宽 几 呈	几林宽几巡游
Jic ndongl guangs jic zenz*.	几片大的森林都巡游了。
几 林 大 几 太	几林大几从
Jic ndongl hungl* jic dais,	几片大的森林都走遍,
几 林 细 几 呈	几林小几巡游
Jic ndongl sais* jic zenz*.	几片小的森林也走遍。
几 林 艾 几 找	几林爱几找
Jic* ndongl aaih* jic ral,	到喜欢的森林里找树子,

几　下　八　几　呈
Jic lac dongh jic zenz*.

几下坝几巡游
岩脚的树林都找过。

树　叶　在　林　上
Faix did* xos ndongl genz,

树叶在林上
被选中的树长在上面的树林里,

树极　在　林　买
Faixjil* xos ndongl maic*.

松树在林下
被选中的松树长在下边的树林里。

别　挖　路　堂　掉
Ndagt wud* ronl dangz dianh*,

别人挖路到地点
别人沿着树林修路,

皇　挖　路　堂　掉
Weangz wud* ronl dangz dianh*.

皇挖路到地点
皇儿也沿着树林修路。

别　挖　路　堂　头
Ndagt* wud* ronl dangz jauc,

别人挖路到头
别人修路到山脚,

皇　挖　路　堂　头
Weangz wud* ronl dangz jauc.

皇挖路到头
皇儿也修路到山脚。

三　斧　砍　边　前
Saaml waanl wanz* baaih nac,

三斧砍前边
对着树子正面砍三斧下去,

五　斧　砍　边　背
Hac waanl wanz* baaih langl.

五斧砍后面
对着树子背面砍五斧下去。

树　响　抛　响　槊
Faix ndangl* nyiangh* ndangl* mbadt*,

树响咔响咔
树响咔响咔,

树 怎 讨 下 陇	倒就倒下坎
Faix zez* lamx* lac mbingl*.	树就倒下坎。
树 响 嗓 响 抛	树响噜响啪
Faix ndangl* ndugt* ndangl* mbaad*,	树响噜响啪,
树 怎 道 去 岩	树就倒去岩
Faix zez* lamx bail rianz*.	树就倒在岩坎上。
补 比 尺 比 饌	人量尺量圆
Bux bix* zigt* bix* ranz*,	一些人量树的尺寸和圆周,
补 休 根 留 巅	人修根留梢
Bux ruanx* gogt doc* baail*,	一些人修剪树根和树梢,
补 才 巅 留 枝	人裁剪梢留枝
Bux zaaiz* baail* doc* jins*.	一些人修剪树枝和树梢。
节 痲 直 绕 要	节哪直我们要
Mbongs* laez jiauh* rauz aul,	哪节树干直我们要哪节,
节 痲 弯 绕 留	节哪弯我们留
Mbongs* laez gauz rauz doc*.	哪节树干弯我们留哪节。
刚 得 才 在 此	才得树在那里
Zamx* ndaix faix xos hanc*,	砍了树子摆在山坡上,
不 补拿 堂 家 想 绕	没谁传话家我们
Miz buxlaez dangs① raanz gaiz* rauz.	无人将此事告知主人家。

①dangs 原义指嘱咐、传话、传递信息等,这里指将砍树的消息传递到主人家里。

刚　　得　树　在　此	才得树在这
Zamx* ndaix faix xos nix,	砍得树子在山上,
不　补拿　发　到　家　给　绕	没谁运到家给我们
Miz buxlaez fac* dangz raanz haec rauz.	没有人运树木回家。
产　　脚　补　气　大	找脚人力气大
Zaangl* gal bux reengz laaux,	要找力气大的人来抬树,
产　　　力　补　力　摩	找力气人力气凶
Zaangl* reengz bux reengz ngoh*.①	要找身强力壮的人来抬树。
太　边　地　奤　添　有	从地边太阳增助词
Dais rans* rih danglngonz diaml* biex*,	太阳升起时就出发,
坝　地　奤　地　泥	从地太阳地泥
Dongh rih danglngonz rih naamh.	太阳刚升起时就干活。
忙　称　䴵　茶　媳	忙做早饭媳妇们
Hanl nangc ngaaiz zaz* baex,②	快做早饭吧媳妇们,
排　称　饭　茶　媳	去蒸饭媳妇们
Bail nangc haux zaz* baex.	去蒸饭吧媳妇们。
棵　大　好　惰　房	棵大好建房
Gol laaux ndil dos*③ raanz,	大棵的树好建房,

①ngoh* 指力气大,一般多用来形容牯牛的力气大,这里指身强力壮的人。

②zaz* baex 指媳妇们。zaz* 这里指多。

③dos* 指建、造、打造(用具)等,这里指打造。

父　皇 好 惰　房 Boh weangz ndil dos* raanz.	父皇好建房 皇儿的父亲来建房。
屁　鞍　好 惰 出 Daaix ngaanz* ndil dos* os,	尾杈好造出 分杈的树好建房,
父　皇 好 惰 出 Boh weangz ndil dos* os.	父皇好造出 皇父就用分杈的树建房。
太阳　出 坎　惰 Danglngonz os gaamx* dos*,	太阳出坡坎 太阳照到坡坎,
惰　成　房　坎　惰 Dos* banz raanz gaamx* dos*.	造成房坎坝 就依据山势建房。
太阳　出 棒　烹 Danglngonz os bol bianl*,	太阳出坡平 太阳照到坪坝,
惰　成 房 棒　烹 Dos* banz raanz bol* bianl*.	建成房坡扁 就依据坪坝建房。
沼　要 扛 来 吊 Zaaux*① aul ged* mal diaul*,	造要扛来掉 皇儿打制成大板凳放在门边,
沼　排 愿　来 在 Zaaux* baaiz* yanl*② mal xos.	造长凳来在 皇儿打制成长凳放在灶房里。

①zaaux* 原义指造,这里指打制、制作(用具)。

②baaiz* yanl* 原义指一排长凳子,即由若干条短凳子组成的长凳子。在布依族社会中,传统的人家大都喜欢在烧煤火的灶房里,用一块长约2米宽约0.26米的木方子制作成一张长凳子,放在灶房里,用于接待客人。这样的长凳布依语叫 baaiz* yanl*。

好 罢 伤 来 粑 柱 扛 家 你 就怕野鬼来黏糟蹋家这
Ndillaaul singl mal bac* saul* gas* renz*[1] nix[2], 就怕野鬼来祸害主家，

好 罢 伤 来 管 柱 于 家 你 害怕野鬼来管柱子家这
Ndillaaul singl mal guanc* saul yiz* renz* nix, 就怕野鬼来黏主家的柱子，

好 罢 伤 来 粑 脸 嘴 脸 白 家 你 害怕野鬼来黏附额头白脸家这
Ndillaaul singl mal bac* nacbaagt* nachaaul renz* nix, 就怕野鬼来黏附主家人的脸，

好 罢 伤 来 粑 害怕野鬼来粘附
Ndillaaul siml mal bac* 就怕野鬼来糟蹋

儿 女 儿 男 脸 迈 家 你 女儿男儿脸家这
legmbegt legsaail nacmais* renz* nix. 主家的小姑娘和小后生。

你 来 风 绕 你来家咱
Mengz mal renz* rauz, 你[3]来咱家，

我 来 要 坠 我来要解绑
Gul mal aul zaml*. 我来解绑。[4]

你 来 风 初 你来家我们
Mengz mal renz* duh, 你来我们家，

我 来 找 坠 我来找解绑
Gul mal ral zaml*. 我来解绑。

①renz*，在黄腊布依语中指家、屋。
②nix，这家，指举行仪式的主家。
③你，指野鬼。
④解绑，指布依族的驱邪除恶仪式。

不 是 我 随 坠 Miz daic* gul ringz* zaml*,	不是我跟着解绑 不单是我个人解绑,
埑鹅龙 随 坠 Duezwolluangz[①] ringz* zaml*,	恶龙跟着解绑 恶龙跟着解绑,
圈 儿诺 随 坠 Guanh* legraic* ringz* zaml*,	圆手镯跟着解绑 圆的手镯跟着解绑,
环 儿膹 随 坠 Saic* legdingl* ringz* zaml*,	耳环黄瓜跟着解绑 黄瓜做的耳环跟着解绑,
徒狗 � 随 坠 Duezmal laaus* ringz* zaml*,	狗半大跟着解绑 已成年的狗跟着解绑,
妏 狗 好 随 坠 Saauh mal ndil ringz* zaml*,	如同狗好跟着解绑 已成年的母狗跟着解绑,
徒 鸡 � 随 坠 Duezgais laaus* ringx* zaml*,	鸡半大跟着解绑 已成年的鸡跟着解绑,
妏 鸡 好 随 坠 Saauh gais ndil ringz* zaml*.	如同鸡好跟着解绑 已成年的母鸡跟着解绑。
三 十 伤 坝 下 Saamlxib singl dongh lac,	三十野鬼田坝下 下田坝的三十个野鬼,
伤 池 转 坝 下 Singl zez* daaus dongh lac.	野鬼就转坝下 就转回下田坝去。

①Duez 指动物。布依语一般提到动物名,都要在动物名的前面加 duez,如 duezwaaiz 水牛、duezgais 鸡、dueznge z 蛇等。Duezwolluangz 指恶龙。

五 十 伤 坝 上

Hacxib singl dongh genz,

伤 池 转 坝 上

Singl zez* daaus dongh genz.

伤 在 云 柴 捐

Singl xos wuc* haz* yianl*,

转 去 云 柴 捐

Daaus bail wuc* haz* yianl*.

伤 在 挽 云 青

Singl xos wanc* wuc* yeeul*,

转 去 挽 云 青

Daaus bail wanc* wuc* yeeul*.

伤 在 教 水 埋

Singl xos jiaul* ramxmagt*,

转 去 教 水 埋

Daaus bail jiaul* wuc* magt*,

伤 在 挄 云 青

Singl xos guangs*[1] wuc* yeeul*,

转 去 挄 云 青

Daaus bail guangs* wuc* yeeul*.

五十野鬼田坝上

上田坝的五十个野鬼,

野鬼就转回田坝上

就转回上田坝去。

野鬼在茅草棚

野鬼原住茅草棚,

转回去茅草棚

就转回茅草棚中去。

野鬼在团云青

野鬼原在青云里,

转回去团云青

就转回青云里去。

野鬼在线雾

野鬼原在浓雾里,

转回去线雾

就转回浓雾里去。

野鬼在宽广云青

野鬼原在宽广的青云里,

转云宽广云青

就转回宽广的青云里去。

①guangs* 多义词,指人时,表示很多;指云时,表示云多、云层厚。

伤　在　教　云　溧　　野鬼在线黑云
Singl xos jiaul* wuc* wanx*,　　野鬼在黑云里，

转　云　教　青　溧　　转回去线黑云
Daaus bail jiaul* wuc* wanx*.　　就转回黑云里去。

我　来　放　寄　我　生　愿　　我[①]要放芦苇来围
Gul laic* zuangs* jiz* ngox* dauc yanl*,　　我要用芦苇建围墙，

我　来　放　寄　㲆　生　寄　　我要放茅草来围
Gul laic* zuangs* jiz* qyangl* dauc jins*.[②]　　我要用茅草建围栏。

寄　柴　拐　其　你　　围茅草厢这里
Jins* haz* yianl* jiz* nix.　　用茅草围一圈。

寄　其　相　其　你　　围这厢这里
Jins* jiz* siangs* jiz* nix.　　围这里成圈，

寄　其　你　做　嫩　　围这里做厢
Jins* jiz* nix gueh qyangl*,　　这里就成圈，

嫩　其　你　做　窝　　厢这里做窝
Qyangl* jiz* nix gueh rauz*.　　这里就成窝。

伤　不　擁　来　老　　野鬼不许回来
Singl miz qyongl* mallaaux*,　　野鬼不许回来，

---

①我，指摩师。

②jins* 原义指圆圈，这里指围墙、围栏。

伤　不　转　来　后
Singl miz daaus mal langl.

野鬼不回来后
野鬼不许转回来。

你　忙　下　于　拗　查　伤
Mengz hanl lac yiz* yoz* zaz* singl,

你快下回去野鬼们
野鬼们快回去，

你　忙　班　于　雍　查　伤
Mengz hanl bunc* yiz* yongz* zaz* singl.

你快搬回去野鬼们
野鬼们快搬走。

冇　你　不　去　下　于　药
Biex* mengz miz bail lac yiz* yoz*,

如果你不去下不回
如果有不回去的，

冇　你　不　班　下　于　药
Biex* mengz miz bunc* lac yiz* yoz*,

如果你不搬下不回
如果有不搬走的，

我　有　皇　一　新
Gul lix weangz ndeeul mos,

我有皇一新
我[1]又请了新的先生，

我　有　名　一　添
Gul lix xoh ndeeul diaml*.

我有名一添
我又添了一个新名字。

报　根　铁　家　你
Baus sanc faz renz* nix,

报根铁家这
主家的铁棍神，[2]

丫　下　梁　家　你
Yah lac ruangz* renz* nix,

报下梁家这
主家的下梁婆，

过　其　姉　去　了
Gvas jiz* laez bail leeux?

去哪里去了
你们都去哪里了？

①我，指摩师。
②铁棍神及下句的下梁婆，均是布依族传说中的专管孤魂野鬼的神。

随　我　打　鬼恶 Reux* gul duais* faangzqyas,	和我打恶鬼 来和我打恶鬼，
随　我杀　鬼伤 Reux* gul gac faangzsingl,	和我杀野鬼 来和我杀野鬼。
打　鬼恶　过　壳 Duais* faangzqyas gvas beangz,	打恶鬼过地方 把恶鬼赶出这地方，
杀　鬼伤　过　坝 Gac faangzsingl gvas dongh,	杀野鬼过田坝 把野鬼驱逐出坝子，
打　鬼恶　过　田 Duais* faangzqyas gvas naz.	打鬼恶过田 把恶鬼赶出田坝。
杀　淤　查　出　外 Gac yih* zaz* os roh,	杀野鬼 群出外 把野鬼赶去外地，
打　鬼恶　过　壳 Duais* faangzqyas gvas beangz,	打恶鬼过地方 把恶鬼打出这地方，
杀　鬼伤　过　坝 Gac faangzsingl gvas dongh,	打野鬼过坝 把野鬼驱逐出坝子，
打　鬼恶　过　田 Duais* faangzqyas gvas naz,	打恶鬼过田 把恶鬼赶出田坝，
杀　淤　群　出外 Gac yih* damz* os roh.	杀野鬼群出外 把野鬼群赶出去。

我 有 三 百 马 随 我 我有三百马随我
Gul lix saaml baagt* max ringz* gul, 我有三百匹马[①]相随,

我有 三 百 万 宦官 随 我 我有三百万官员随我
Gul lix saaml baagt* faanh buxgunl* ringz* gul, 我有三百万官员相随,

我有五 百 万官 脚 随 我 我有五百万官兵随我
Gul lix hac baagt* faanh gunl* gal ringz* gul. 我有五百万官兵相随。

产 力 等 补中 鼓力气等众人
Zaangl* reengz xac buxzongh*, 众人鼓起劲等着,

搭 力 好 补中 集中力好众人
Zamh* reengz ndil buxzongh*. 众人一起力量大。

有 伤 在下 弩 如果野鬼在下屋檐
Biex*[②] singl xos lac seic*, 如果有野鬼在屋檐下,

弩 管 背 管 去 弓箭管后管去
Neic* gunc* langl gunc* bail. 用弓箭射过去。

有 伤 在 下 梯 如果野鬼在下梯
Biex* singl xos lac lail, 如果有野鬼在楼梯下,[③]

弩 管 扯 管 去 弩管放管去
Neic* gunc* luagt* gunc* bail. 用弩箭射过去。

---

①三百匹马,这里不是实指。下句的“三百万官员、五百万官兵”意思与此相同。

②Biex* 多义词,这里指如果。

③布依族传统的民居建筑都是干栏式建筑,大房为三间,一楼一底。一般把面对大门的右边这间作为伙房,在伙房里搭一架楼梯上二楼。楼梯为活动式的,平时不用的时候就把楼梯收起来,楼梯下一般作为存放东西的地方。

有　伤　在　个　柜　　　　　　　　如有野鬼在个柜子
Biex* singl xos ndanl gvoih,　　　　　如果野鬼躲在柜子里，

要　个　柜　来　道　　　　　　　　拿个柜子来倒
Aul ndanl gvoih mal daauc*.　　　　　就拿柜子出来倒。

有　伤　在　个　坛　　　　　　　　如有野鬼在个坛子
Biex* singl xos ndanl baagt*,　　　　　如果野鬼躲在坛子里，

要　个　坛　来　折　　　　　　　　拿个坛子来砸
Aul ndanl baagt* mal degt*.　　　　　就把坛子砸了。

有　伤　在　巅　壁　　　　　　　　如有野鬼在梢墙壁
Biex* singl xos baail* faz*,　　　　　如果野鬼攀在墙壁上，

卖　找　得　养　的　　　　　　　　一定找得才它
Maic* ral ndaix yaangc* dih*.　　　　　找到不要放过它。

你　来　风　绕　　　　　　　　　　你来家咱
Mengz mal renz* rauz,　　　　　　　你来我家，

我　来　要　坠　　　　　　　　　　我来要解绑
Gul mal aul zaml*.　　　　　　　　　我来解绑，

你　来　风　李　　　　　　　　　　你来家咱
Mengz mal renz* raz*,[1]　　　　　　你来咱家，

①raz*，是 rauz 的音变，指咱、我们。

我 来 找 坠
Gul mal ral zaml*.

我来找解绑
我来解绑。

不 是 我 随 坠
Miz daic* gul ringz* zaml*,

不是我跟着解绑
不单是我个人解绑,

徒 狗 羘 随 坠
Duezmal laaus* ringz* zaml*,

狗半大跟着解绑
已成年的狗跟着解绑,

妏 狗 好 随 坠
Saauh* mal ndil ringz* zaml*,

如同狗好跟着解绑
大狗跟着解绑,

徒 鸡 羘 随 坠
Duezgais laaus* ringz* zaml*,

鸡半大跟着解绑
已成年的鸡跟着解绑,

妏 鸡 好好 随 坠
Duezgais haangh*[①] ringz* zaml*,

鸡童子跟着解绑
童子鸡跟着解绑,

壶 鹅 龙 随 坠
Duezwoz* luangz ringz* zaml*,

恶龙跟着解绑
恶龙跟着解绑,

圈 儿 诺 随 坠
Guanh* legraic* ringz* zaml*,

圆后镯跟着解绑
圆的手镯跟着解绑,

环 儿 瞔 随 坠
Sais* legdingl* ringz* zaml*.

耳环黄瓜跟着解绑
黄瓜做的耳环跟着解绑。

三 十 伤 坝 下
Saml xib singl dongh lac,

三十野鬼田坝下
下田坝的三十个野鬼,

①haangh* 指童子。Duezgais haangh* 指童子鸡。

伤　池　转　坝　下 Singl zez* daaus dongh lac.	野鬼就转回坝下 就转回下田坝去。
五　十　伤　坝　上 Hac xib singl dongh genz,	五十野鬼田坝上 上田坝的五十个野鬼,
伤　池　转　坝　上 Singl zez* daaus dongh genz.	野鬼就转回坝上 就转回上田坝去。
伤　在　云　柴　拐 Singl xos wuc* haz* yinl*,	野鬼在茅草棚 野鬼原住茅草棚,
转　去　云　柴　拐 Daaus bail wuc* haz* yianl*.	转回去茅草棚 就转回茅草棚中去,
伤　在　挽　柴　青 Singl xos wanc* ngaz* yeeul*,	野鬼在团青茅草 野鬼原住青茅草窝里,
转　去　挽　柴　青 Daaus bail wanc* ngaz* yeeul*.	转回去团青茅草 就转回青茅草窝里去。
伤　在　教　云　澲 Singl xos jiaul* wuc* lunh*,	野鬼在线云昏黑 野鬼原在昏黑的云里,
转　去　教　云　澲 Daaus bail jiaul* wuc* lunh*.	转回去线云昏黑 就转回昏黑的云里去。
伤　在　教　水埋 Singl xos jiaul* ramxmagt*,	野鬼在线雾 野鬼原在雾里,

转 去 教 水 埋	转回去线雾
Daaus bail jiaul* ramxmagt*.	就转回雾里去。
伤 在 概 云 青	野鬼在宽广云青
Singl xos guangs* wuc* yeeul*,	野鬼原在宽广青云里,
转 去 概 云 青	转回去宽广云青
Daaus bail guangs* wuc* yeeul*.	就转回宽广的青云里去。
伤 在 教 云 漂	野鬼在线云黑
Singl xos jiaul* wuc* wanx*,	野鬼原在黑云里,
转 去 教 云 漂	转回去线云黑
Daaus bail jiaul* wuc* wanx*.	就转回黑云里去。
我 莱 放 寄 我 生 愿	我要放芦苇来围
Gul laic* zuangs* jiz* ngox* dauc yanl*,	我要用芦苇建围墙,
我 莱 放 寄 龟 生 寄	我要放茅草来围
Gul laic* zuangs* jiz* qyangl* dauc jins*.	我要用茅草建围栏。
寄 柴 抈 其 你	围茅草厢这里
Jins* haz* yianl* jiz* nix,	用茅草围成圈,
寄 其 相 其 你	围这厢这里
Jins* jiz* siangs* jiz* nix.	围这里成圈。
寄 其 你 做 嫩	围这里做厢
Jins* jiz* nix gueh qyanl*,	这里就成圈,

嫩 其 你 做 窝
Qyangl* jiz* nix gueh rauz*.

厢这里做窝
这里就成窝。

伤 不 攤 来老
Singl miz qyongl* mallaaux*,

野鬼不许来回
野鬼不许回来，

伤 不 转 来 后
Singl miz daaus mal langl.

野鬼不回来后
野鬼不许转回来。

你 忙 下 于 拗 查 伤
Mengz hanl lac yiz* yoz* zaz* singl,

你忙下回去野鬼们
野鬼们快回去，

你 忙 班 于 雍 查 伤
Mengz hanl bunc* yiz* yongz* zaz* singl.

你忙搬回去野鬼们
野鬼们快搬走。

冇 你 不 去 下 于 拗
Biex* mengz miz bail lac yiz* yoz*,

如果你不去下不回
如果有不回去的，

冇 你 不 班 下 于 药
Biex* mengz miz bunc* lac yiz* yoz*,

如果你不搬下不回
如果有不搬走的，

我 有 皇 一 新
Gul lix weangz ndeeul mos,

我有皇一新
我又有了新的先生，

我 有 名 一 添
Gul lix xoh ndeeul diaml*.

我有名一添
我又添了一个新名字。

概 报族 家 你
Guangs* bausaaul renz* nix,

全部房族家这
主家全部的房族，

槽 兄弟 家 你
Zaauz* bixnuangx renz* nix,

所有弟兄家这
主家全部的兄弟，

槽 父儿 家 你	所有父子家这
Zaauz* bohleg renz* nix,	主家的父子,
过 其𠇍 去 了	去哪里去了
Gvas jiezlaez bail leeux?	你们去哪里了?
随 我 打 鬼恶	和我打恶鬼
Reux* gul duais* faangzqyas,	来和我打恶鬼,
随 我杀 鬼伤	和我杀野鬼
Reux* gul gac faangzsingl.	来和我杀野鬼。
打 鬼恶 过 壳	打恶鬼过地方
Duais* faangzqyas gvas beangz,	把恶鬼赶出这地方,
杀 鬼伤 过 垌	杀恶鬼过田垌
Gac faangzqyas gvas dongh,	把恶鬼驱逐出垌子,
打 鬼恶 过 田	打恶鬼过田
Duais* faangzqyas gvas naz,	把恶鬼赶出田垌,
杀 于 寮 出 外	杀野鬼群出外
Gac yiz* zaz* os roh.	把野鬼赶去外地。
前 十九 其 涝	从前十九野鬼
Goons xibguc jiz* lauz*,	从前十九个野鬼,
先 十二其 涝	远古十二野鬼
Ndux xibngih jiz* lauz*.	远古十二个野鬼。
伤 太 垌 吃 鱼	野鬼从田垌吃鱼
Singl dais dongh genl byal,	野鬼吃田垌上的鱼,

伤 太 田 吃 饭 Singl dais naz genl haux[1],	野鬼从田吃饭 野鬼吃田坝里的稻谷，
伤 卡 外 做 薄 Singl gax* roh gueh bol,	野鬼抓鸟做坡 野鬼在坡上抓鸟，
伤 吃 野 做 肚 Singl genl yih* gueh dungx.	野鬼吃野物做肚 野鬼专吃野生动物。
伤 一 死 头 反 Singl yiz* daail gauc* waangc*,	野鬼也死头木板 野鬼死于被木板尖刺，
伤 一 死 反 财 Singl yiz* daail waanc* zaiz*.	野鬼也死战乱 野鬼死于战乱。
别 捐 说 伤 那 Ndagt* mbox* nauz singl hanc*,	别人都说野鬼那 别人说野鬼在那。
绕 捐 领 伤 那 Rauz mbox* lingx* singl hanc*.	我们都知道野鬼那 我们就知道野鬼在那，
好 罢 伤 来 粘 脚 朵 家 你 Ndillaaul singl mal wedt* gal dos* renz* nix,	害怕野鬼来粘脚灶家这 害怕野鬼粘在这家的灶，
好 罢 伤 来 柯 脚 壁 家 你 Ndillaaul singl mal goc* dinl faz renz* nix,	害怕野鬼来粘脚壁家这 害怕野鬼来攀这家的墙壁，
好 罢 伤 来 粑 柱 杠 家 你 Ndillaaul singl mal bac* saul jaangl renz* nix,	害就怕野鬼来粘柱中家这 害怕野鬼来粘在这家的墩脚，

①haux 多义词，指稻谷、粮食、大米、饭、米饭等，这里指稻谷。

好　罢 伤 来 柯 脚 灶 家 里　害怕野鬼来粘脚灶家这
Ndillaaul singl mal goc* dinl saus renz* nix. 害怕野鬼来趴在这家的灶脚。

你　来 家 绕　你来家咱
Mengz mal renz* rauz, 你来咱家，

我 来 要 坠　我来要解绑
Gul mal aul zaml*, 我来解绑，

你　来 风 初　你来家我们
Mengz mal renz* duh*, 你来我们家，

我 来 找 坠　我来找解绑
Gul mal ral zaml*. 我来解绑。

不 是　我 自 坠　不是我自个解绑
Miz daic* gul gah zaml*, 不单是我个人解绑，

妐　狗 粽　随　坠　如同狗半大跟着解绑
Saauh* mal laaus* ringz* zaml*, 已成年的狗跟着解绑，

妐 狗　大　随　坠　如同狗大跟着解绑
Duezmal hungl* ringz* zaml *, 大狗跟着解绑，

妐　鸡 粽　随　坠　如同鸡半大跟着解绑
Saauh* gais laaus* ringz* zaml*, 已成年的鸡跟着解绑，

妐　鸡 好 随　坠　如同鸡好跟着解绑
Saauh* gais ndil ringz* zaml*, 好的鸡跟着解绑，

壶　鹅 龙　随　坠
Duezwoz* luangz ringz* zaml*,
恶龙跟着解绑
恶龙跟着解绑，

圈　儿诺　随　坠
Guanh* legraix* ringz* zaml*,
圆手镯跟着解绑
手镯跟着解绑，

环　儿 瞔　随　坠
Guanh* legdingl* ringz* zaml*.
圈黄瓜跟着解绑
黄瓜做的耳环跟着解绑。

三 十　伤 坝　下
Saamlxib singl dongh lac,
三十野鬼田坝下
下田坝的三十个野鬼，

伤　池　转　坝　下
Singl zez* daaus dongh lac.
野鬼就转回田坝下
就转回下田坝去。

五 十　伤 坝　上
Hacxib singl dongh genz,
五十野鬼田坝上
上田坝的五十个野鬼，

伤　池　转　坝　上
Singl zez* daaus dongh genz.
野鬼就转回田坝上
就转回上田坝去。

伤　在　云　柴　抈
Singl xos wuc* haz* yianl*,
野鬼在茅草棚
野鬼原住茅草棚，

转　去　云　柴　抈
Daaus bail wuc* haz* yianl*.
转回去茅草棚
就转回茅草棚中去。

伤　在　挽　云　青
Singl xos wanc* wuc* yeeul*,
野鬼在团云青
野鬼原在青云里，

转 去 挽 云 青
Daaus bail wanc* wuc* yeeul*.
转回去团云青
就转回青云里去。

伤 在 教 水埋
Singl xos jiaul* ramxmagt*,
野鬼在线雾
野鬼原在浓雾里，

转 去 教 水埋
Daaus bail jiaul* ramxmagt*.
转回去线雾
就转回浓雾里去。

伤 在 挸 云 青
Singl xos guangs* wuc* yeeul*,
野鬼在宽广云青
野鬼原在宽广的青云里，

转 云 挸 云 青
Daaus bail guangs* wuc* yeeul*.
转去宽广云青
就转回宽广的青云里去。

伤 去 教 云 漂
Singl xos jiaul* wuc* lunh*,
野鬼在线云黑
野鬼原在黑云里，

转 去 教 云 漂
Daaus bail jiaul* wuc* lunh*.
转回去线云黑
就转回黑云里去。

我 来 放 寄 我 生 愿
Gul laic* zuangs* jiz* ngox* dauc yanl*,
我要放芦苇来围
我要用芦苇建围墙，

我 来 放 寄 [illegible] 生 寄
Gul laic* zuangs* jiz* qyangl* dauc jins*.
我要放茅草来围
我要用茅草建围栏。

寄 柴 抈 其 你
Jins* haz* yianl* jiz* nix,
围茅草厢这里
用茅草围成圈，

寄　其　相　其　你	围这厢这里
Jins* jiz* siangs* jiz* nix,	围这里成圈,
寄　其　你　做　嫩	围这里做厢
Jins* jiz* nix gueh qyangl*,	这里就成圈,
嫩　其　你　做　窝	厢这里做窝
Qyanl* jiz* nix gueh rauz*.	这里就成窝。
伤　不　擁　来　老	野鬼不许回来
Singl miz yongh* mal laaux*,	野鬼不许回来,
伤　不　转　来　后	野鬼不回来后
Singl miz daaus mal langl.	野鬼不许转回来。[①]

①本节因重复的内容较多,已将重复部分删除。

MOL DEDT* NDOS GAIS/刁鸡骨经①

珥　耳　涀　于 鸡　　竖耳听助鸡
Gaml rez nyangh* yiz gais,　　竖耳听我说话呀鸡,

歪　耳　听　于　鸡　　侧耳听助鸡
Nyangh* rez nyiel yiz gais.　　侧耳听我说话呀鸡。

不　玎　麻　于 鸡　　不增啥助鸡
Miz diaml* maz yiz gais,　　不增啥呀鸡,

不　发　块　于　鸡　　不发块助鸡
Miz wac* gaais yiz gais.　　不发富呀鸡。

不　想　肉　你　厚　于　鸡　　不想肉你厚助鸡
Miz zaml* noh mengz nal yiz gais.　　不是惦记你的肉呀鸡,

不　想　脚　你　畲　于　鸡　　不想脚你费助鸡
Miz zaml* gal mengz mangh* yiz gais,　　不是惦记你的腿呀鸡。

不　想　肉　你　跴　⿰飠旱　于 鸡　　不想肉你劝早饭助鸡
Miz zaml* noh mengz gaml* ngaaiz yiz gais.　　不想拿你的肉做早饭呀鸡,

---

①刁鸡骨,为布依族的一种习俗,即看鸡卦。

不 想 脚 你 踊 酒 于 鸡
Miz zaml* gal mengz gueh lauc yiz gais.

不想脚你做酒助鸡
不想拿你的腿来做下酒菜呀鸡。

主 面 上 你 一
Suc nac saangl nix yiz,

主面上这助
主家的脸面在这里,

扐 面 歹 你 一
Maaiz* nac daaix nix yiz.

面子面臀这助
主家不好的面子在这里。

下 去 方 桐 差
Bail lac bongl* mbox* saih*?

去下方哪不好
要去哪一方?

下 去 边 桐 着
Lac bail baaih mbox* deengh*?

下去边哪是
要去哪一边?

方 桐 差 边 相 好
Bongl* mbox* saih* baaih mbox* ndil,

方哪不好边哪好
哪方不好哪边好?

去 闯 伤 脸 厚
Bail zabt* singl nac nal,

去遇野鬼 脸厚
去遇着脸厚的鬼,

去 闯 伤 眼 深
Bail zabt* singl dal lag,[1]

去遇野鬼 眼深
去遇到心狠的鬼,

倒 烧 恶 闸 田
Lamx saz* qyas jaangl naz,

倒烧恶中田
倒在田坝中而死,

---

① dal lag 原义指深眼、凹陷眼,这里指心狠、恶毒。

倒　烧　泙　闸　坝
Lamx zaz* nyal*[①] jaangl dongh.

倒刺从中坝
倒在刺丛中而死。[②]

鬼　恶　怎　来　随
Faangzqyas zez* mal reux*,

鬼恶就来随
恶鬼就跟随来了，

鬼　伤　怎　来　都
Faangzsingl zez* mal duh*.

野鬼就来落脚
野鬼就来缠住了。

晚　不　得　吃
Hamh miz ndaix genl,

夜晚不得吃
这些鬼都是夜晚没吃的地方，

梦　不　得　歇
Ngenz miz ndaix yic*.

深夜不得住宿处
深夜没住的地方。

要　你　来　赖　亜　于　鸡
Aul mengz mal leic* haangz yiz gais,

要你来看下颚助鸡
要你的下巴来看卦呀鸡，

要　你　来　赖　骨　于　鸡
Aul mengz mal laic* ndos yiz gais.

要你来瞧骨助鸡
要你的骨头来看卦呀鸡。

我　讲　文　世先
Gul gaangc wenz xeeuhndux,

我讲人远古
我[③]讲祖先的故事，

①zaz* nyal* 指刺丛、杂草丛，即不同的野生植物聚簇一起。
② 指意外死亡的人。
③我，指摩师。

你　听　炉　鸡　　你听助鸡
mengz nyiel lo gais.　　给你听吧鸡。

我　讲　补　世前　　我讲人从前
Gul gaangc bux xeeuhgoons　　我讲从前人的故事

你　听　炉　鸡　　你听助鸡
mengz nyiel lo gais.　　给你听吧鸡。

世　前　沼　做　　从前造做
Xeeuhgoons zaaux* gueh　　从前

三　个　太阳　堂　黑　　三个太阳到黑
saaml gaauh* danglngonz dangz labt,　　三个太阳当空照,

世　前　沼　做　　远古造做
Xeeuhgoons zaaux* gueh　　远古

九　个　太　阳　堂　夜　　九个太阳到夜晚
guc gaauh* danglngonz dangz hamz.　　九个太阳夜晚照。

个　一　落　了　个　一　出　个一落助个一出
Gaauh* ndeeul duagt* le gaauh* ndeeul os,　一个落了另一个又升起,

桐　说　管　泥　地　　没有说管泥地
Mbox* nauz gunh* naamh rih,　　没有谁来管旱地,

桐　说　管　泥　田　　没有说管泥田
Mbox* nauz gunc* naamh naz.　　没有谁来管稻田。

贯　石　八　于　列	砣石破助开裂
Gunh* rinl bal* yiz lieh*,	石头都被晒开裂，
盆　䃰　块　于　卖　吃　了	布盖块助卖吃了
Benz* ndos* gaais yiz gaail genl leeux.	垫子都拿去卖钱来买吃的了。
桐　说　管　泥　地	没有说管泥旱地
Mbox* nauz gunc* naamh rih,	无人来管旱地，
桐　说　管　泥　塘	没有说管泥塘
Mbox* nauz gunc* naamh damz.	无人来管水塘。
贯　石　八　于　务	砣石破助软
Gunh* rinl bal* yiz us*,	石头也被晒软了，
盆　席　服　于　卖　吃　了	垫席布助卖吃了
Baez* mbenx* bangz yiz gaail genl leeux.	布做的垫席[①]也拿去卖钱了。
布带　头　不吃　鲃　喂　儿桐　你	人包头帕没吃早饭喂小孩筒这
Bux zamc* jauc miz genl ngaaiz geil* legmbox*[②] nix,	女人们都愁着没早饭喂孩子，
布带　头不说　朝　喂　儿桐　不	人包头帕没说造喂小孩筒不
Bux zamc* jauc miz nauz zaauz* geil* legmbox* miz.	都愁着没晚饭喂孩子。
况　查　老　个　壳	各地方耆老们里地方
Guangs* zaz* laaux ndael beangz,	各个地方的耆老们，

①Baezmbenx* 指垫席。布依族地区的垫席有用布做的，也有用竹篾做的，还有用芦苇秆做的。用布匹做的垫席，即是指质量好的垫席。

②legmbox* 原义指筒，这里指婴儿包在襁褓筒里。

老 　 㧊 生 相 　 林 老 　 伞
Laaux* laez sens* mbox* ndongl laaux* liangc*?

哪个请山野能人
哪个能找到有本事的人?

补 　 㧊 打 　 　 太 阳 　 你 倒
Buxlaez duais* danglngonz nix lamx?

谁人打太阳这倒
谁人能把多余的太阳射落?

补 　 㧊 杀 太 阳 你 死
Buxlaez gac danglngonz nix daail?

谁人杀太阳这死
谁能把多余的太阳杀死?

田 　 大 　 怎 　 的 　 烈
Naz hungl* ringx* deel leeh,

田大任由他选
大田任由他选,

田 　 车 　 怎 　 的 　 吃
Nazjieh*① singx* deel genl.②

冬泡田任由他吃
肥沃的田任他种。

田 　 大 　 怎 　 的 　 扯
Naz hungl* ringx* deel luagt*,③

田大任由他扯
大田任他种,

田 　 坝 　 怎 　 的 　 吃
Naz dongh singx* deel genl.

田坝任由他吃
坝子里的田任他种。

皇 　 正 　 养 　 皇 　 正
Weangzzenl ya Weangzzenl,

皇正助皇正
这里有个叫皇正④的人,

---

①nazjieh* 原义指冬泡田,即冬天用水泡着的田。这里指肥沃的田。布依族是稻作民族,主要以种植稻谷为主。冬泡田,是在秋收以后,要把田翻犁后放水泡着,一直跑到第二年的春天以后,再翻犁几次,种上稻秧,这样的田,到秋收时,水稻丰产。所以,冬泡田即是指肥沃的田、稻谷产量很高的田。

②genl 原义指吃、吃饭,这里指种田。

③luagt* 原义指扯,指扯秧,这里指种田。

④皇正,人名,布依族传说中的造物主。

皇　正穷不麻研袤
Weangzzenl hoc miz maz dauc mac,

皇正穷没啥来长高
皇正穷得长不高，

皇　正穷不麻喂儿
Weangzzenl hoc miz maz geil* leg.

皇正穷没啥喂儿
皇正穷得无法养孩子。

正　怎饿烧䬾
Zenl* zez* qyegt* saz* ngaaiz,

正就饿早饭
皇正饿得没有早饭吃，

正　怎想烧歪
Zenl* zez* zaml* saz* waih*.

正就想坏事
皇正想出了一个好办法。

要竹子做箭
Aul faixrod gueh naagt*,

要竹子做箭
皇正拿竹子来做箭，

破角牛做弩
Bas* gaul waaiz gueh gongl*.

破角水牛做弓
皇正破水牛角来做弓。

断　柴猛　的断　高
Guans* faixmungx* deel guangs* saangl,

树桩马桑树那树桩高
古时的马桑树长得高，

断　柴极　的断　于长
Guangs* faixjil* deel guangs* yiz raiz.

树桩松树那树桩助长
古时的松树长得快。

断　柴猛　的长抵　天
Guangs* faixmungx* deel mac dix* mbenl,

树桩马桑树那长高顶天
古时的马桑树树梢顶着天，

断　柴极　的高　于云
Guangs* faixjil* deel saangl yiz wuc*.

树桩松树那高到云
古时的松树树梢顶着云。

上　去　高　柯　燕
Benl* bail saangl gol qyans*,
爬去高棵古树
皇正从古树爬上去，

扒　去　高　柯　猛
Bianh*① bail saangl gol mungx*.
爬去高棵马桑树
皇正从马桑树爬上高空。

射　排　一　排　先
Nengz* banz idt banz ndux,
射次一次先
皇正射第一箭第二箭，

三　个　落　题都
Saaml gaauh* duagt* dizduh.
三个落嘀嘟(状词)
三个太阳落下来。

射　排　七　排　二
Nengz* banz xadt banz ngih,
射次七次二
皇正射第二箭到第七箭，

七　个　落　题坛
Xadt gaauh* duagt* dizdaangz.
七个落嘀当(状词)
七个太阳落下来。

况　查　老　个　壳
Guangs* zaz* laaux ndael beangz,
各地耆老们里地方
各地的耆老们，

老　怎　雾　离论
Laaux zez* wuc* lizlenh,
耆老们就议论纷纷
耆老们议论纷纷，

老　怎　禽　离笙
Laaux zez* jinl* lizluh.
耆老就商量纷纷
耆老们聚齐来商量。

留　一　个　晒　圃花　补皇
Doc* ndanl ndeeul daagt* sunl* wal Buxweangz,
留个一晒花圃皇家
留一个太阳给皇家照花圃，

①bianh* 形容词，指艰难地爬、双手双脚慢慢地抱着树干往上爬。

留 个 一 亮 早 晚 人 皇 留个一亮早晨 夜晚家皇
Doc* ndanl ndeeul roongh hadt hamh renz* Weangz. 留一个太阳给人们照早晚。

补 皇正 怎 歪 脚 左 皇正就歪脚左
Bux weangzzenl zez* mbedt*① gal soix, 皇正收回左脚,②

补 皇正 怎 歪 脚 右 皇正就歪脚右
Bux weangzzenl zez* mbedt gal gvaz. 皇正收回右脚。

你 转 正 不 杀 太阳 你 死 这转回皇正不杀太阳这死
Nix daaus Zeil miz gac danglngonz nix daail, 皇正就没射最后的太阳,

正 不 杀 太阳 你 死 皇正没杀太阳这死
Zeil miz gac danglngonz nix daail. 皇正没射落全部的太阳。

田 大 怎 的 烈 田大任由他选
Naz hungl* singx* deel leeh, 大田任他选,

田 车 怎 的 吃 冬泡田任由他吃
Nazjieh* singx* deel genl. 肥沃的田任他种。

田 大 怎 的 挑 田大任由他挑
Naz hungl* singx* deel raabt, 大田任他种,

田 坝 怎 的 吃 田坝任由他吃
Naz dongh singx* deel genl. 田坝任他种。

皇 正 打 太阳 你 倒 皇正打太阳这倒
Weangzzenl duais danglngonz nix lamx, 皇正把太阳射落,

---

①原义为歪,这里指收回。
②此句及下句,指皇正停止了射箭。

皇　正 杀　太阳　你　死	皇正杀太阳这死
Weangzzenl gac danglndonz nix daail.	皇正把太阳杀死。
各　田 大　各　烈　去　了	各田大各选去了
Daangs naz hungl* daangs leeh bail leeux,	一块块的大田选去了，
各　田 车　各　吃　去　了	各冬泡田各吃去了
Daangs naz jieh* daangs genl bail leeux.	一块块肥沃的田选去了。
各　田 大　各　挑　去　了	各田大各挑去了
Daangs naz hungl* daangs raabt bail leeux,	一块块的大田拿去种了，
各　田 坝　各　吃　去　了	各田坝各吃去了
Daangs naz dongh daangs genl bail leeux.	田坝的田全部拿去种。
正　怎　苦　烧　墨	皇正就苦勤劳
Zenl zez* hamz saz* mag*,	皇正辛苦又勤劳，
正　怎　看见　烧　茅	皇正就开垦茅草丛
Zenl zez* sagt* zaz* qyaml*.	皇正自己开垦荒地。
要　徒　猪　犁　田	拿猪犁田
Aul duezmul deiz* naz,	皇正拿猪来犁田，
徒　猪　怎　叫　吽	猪就叫吽
Duezmul zez* yaaul* nyoc*.	猪只会叫哼。
要　徒　狗　安　恶	拿狗安犁丫
Aul duezmal aanc* qyas*,	皇正拿狗来安犁丫，

徒 狗 怎 叫   盎

Duezmal zez* yaul* nyaangc*.

狗就狂叫

狗只会狂叫。

电 闪 劈 堂 劈

Qyabtbac qyabt dangz qyabt.

闪电闪到闪

闪电闪了又闪，

点 雨 冇 棒 鼓

Nad wenl biex* sanc guangl,

粒雨如根鼓

雨点如鼓槌一样大。

蛛 梁 冇 毛 苍

Gaaul ruangz* biex* benl* eeux,

蜘蛛梁躲藏谷仓

蜘蛛躲仓角，

下 三 日 到 黑

Dauc saaml ngonz dangz labt,

下三天到黑

下了三天三夜的雨，

下 七 天 到 夜

Dauc xedt ngonz dangz hamx*.

下七天到夜晚

下了七天七夜的雨。

几 方 几 水 沾

Jic bongl* jic ramx zaanh*,

几方几水淌

各方的水都在淌，

几 边 几 水 堂

Jic baaih jic ramx dangz.

各边几水到

各处的水都在涨。

几 坡 几 水 太

Jic bol jic ramx dais,

几坡几水从

各个坡的雨水汇集到一处，

几 陇 几 水 堂

Jic longs* jic ramx dangz.

几山谷几水到

各个山谷的雨水汇集到一处。

光 剩 坡 老 鹅
Gah leil* bol laauxhaans,

只剩天鹅孵蛋山
只剩下天鹅孵蛋山[①]未被淹，

光 剩 沾 城泥
Gah leil* zaanh* xulnaamh.

只剩沾足泥
只剩下沾足泥[②]未被淹。

坡 老 鹅 自 剩
Bol laauxaans* gah leil*

天鹅孵蛋山只剩
天鹅孵蛋山只剩下

有 如 扇子
biex*[③] saauh walbiz,

如同扇子
扇子大的面积未被淹，

沾 城泥 自 剩
Zaanh* xulnaamh gah leil*

沾足泥只剩
沾足泥只剩下

有 如 毛 笠
biex* saauh mauxgabt.

如同顶斗笠
有斗笠顶大的面积未被淹。

鸭 鸡 怎 去 菩
Bidt gais zez* bail buz*,

鸭鸡就去扑
鸭和鸡经常去那里找食，

猪 羊 怎 去 班
Mul yongz zez* bail bunc*.

猪羊就去搬
猪和羊经常去那里找食。

鸭 鸡 怎 去 排
Bidt gais zez* bail baaiz*,

鸭鸡就去刨
鸭和鸡经常去那里刨，

①天鹅孵蛋山，指布依族传说中的高山，在何处不详。
②沾足泥，指布依族传说中的地名，在何处不详。
③biex*多义词，这里指如同。

牛　横　怎　去　班
Waaiz zeiz* zez* bail bunc*. [1]

水牛黄牛就去滚
水牛和黄牛经常去那里滚。

前　母　你　在　闸
Goons meeh mengz xos jaangl

从前母你在中
你祖母在海一样的

海　离　轮　炉　鸡
haaix liz lenz* [2] lo gais,

海飘游助鸡
洪水中漂咯鸡,

先　母　你　在　闸　水
Ndux meeh mengz xos jaangl ramx

远古你母在中水
古时你母在洪水中

离笙　炉　鸡
lizluh lo gais,

荡悠助鸡
荡悠咯鸡,

前　母　你　晓　说
Goons meeh mengz rox nauz,

从前母你会说
从前你[3]母这样说,

先　母　你　晓　话
Ndux meeh mengz rox haaus:

古时母你会话
古时你母这样讲:

哪　个　拿　我　过　逻　水
Wangx* laez aul gul bail baaihunx* ramx,

哪个拿我去边那水
哪个帮助我上岸,

的　下　蛋　想　我　抱
Dih* dauc jais zez* gul bamx*.

它下蛋就我孵
它下蛋我帮它孵蛋。

---

①bunc* 原义是搬,这里指滚。
②liz lenz 状词,形容鸡在海上漂游的样子。下句的 liz luh 状词,形容荡悠的样子。
③你,指鸡。

哪　　个 拿 我 过　　遻　　河
Wangx* laez aul gul bail baaihunx* dah,

哪个拿我去边那河
哪个协助我上岸，

的　下　蛋　我 护
Dih* dauc jais gul gaic*.

它下蛋我管
它下蛋我帮它管。

母　鸭　转　得　听
Meeh bidt daaus ndaix nyiel,

母鸭转得听
母鸭听见了，

母　鸭　闹　　翅　接
Meeh bidt gaangl* fed　xux.

母鸭撑翅接
母鸭展翅飞过去。

公　鸭　转　得　听
Bux bidt daaus ndaix nyiel,

公鸭转得听
公鸭听见了，

公　鸭　张翅　等
Bux bidt dacfed xac.

公鸭展翅等
公鸭展翅飞过去。

鸭　做　船　树　弯
Bidt gueh ruez faix gauz,

鸭做船木弯
鸭做弯弯的木船，

鸡　找　烈　鸭　来
Gais sauc* lieh bidt mal.

鸡找选鸭来
鸡乘鸭的船上岸。

鸭　做　船　树　艾
Bidt gueh ruez faix aaih*,

鸭做船木艾树
鸭用艾树做木船，

鸡 找　堂　鸭　来
Gais ral dangz bidt mal.

鸡找到鸭来
鸡坐鸭的船上岸。

徒　一　落　闸　塘
Duez[1] yiz* duagt* jaangl damz,
鸡一落中塘
有的鸡落在水塘里，

变　成　母　鸡秧　去　了
Bins* banz meeh rogganl* bail leeux.
变成母秧鸡去了
就变成了秧鸡。

徒　一　落　闸　田
Duez yiz* duagt* jaangl naz,
鸡一落中田
有的鸡落在田里，

变　成　母　鸟纸　去　了
Bins* banz meeh rogsal bail leeux.
变成母纸鹤去了
就变成了纸鹤。

徒　一　落　口硐
Duez yiz* duagt* basgaamc,
鸡一落山洞口
有的鸡落在山洞里，

变　成　燕　屁　叉　去　了
Bins* banz eens daaix ngaz bail leeux.
变成燕子尾分叉去了
就变成尾部分叉的燕子。

徒　一　落　口井
Duez yiz* duagt* basmbos,
鸡一落井口
有的鸡落在井旁，

变　成　棵　柴　蒙　去　了
Bins* banz gol zaz* mungx* bail leeux.
变成棵杂刺丛去了
就变成了杂刺丛里的小鸟。

徒　一　川　硐　狗　家　皇
Duez yiz* nduanx* zuangh* mal renz* Weangz,
鸡一砖洞狗家皇
有的鸡钻皇家的狗洞，

徒　一　干　硐　园　家　皇
Duez yiz* gaanh* zuangh* sunl* renz* Weangz.
鸡一卡洞菜园家皇
有的鸡被卡在皇家的菜园洞里。

---

①duez 原义指动物，这里指鸡。

日 ⿰开而 好 皇 编 窝
Ngonzlaez ndil weangz saanl ruangs*
哪天好皇编笼
哪天日子吉利皇编笼子

去 接 母 你 炉 鸡
bail xux meeh mengz lo gais,
去接母你助 鸡
去接你母咯鸡，

日 ⿰开而 好看 皇 编 窝
Ngonzlaez mbaaus* weangz saanl rauz
哪天好看皇编窝
哪天日子吉祥皇编笼

去 要 你 母 炉 鸡
bail aul meeh mengz lo gais.
去要母你助鸡
去接你母咯鸡。

要 你 来 做 母 炉 鸡
Aul mengz mal gueh meeh lo gais,
要你来做母助鸡
拿你母来做种鸡咯鸡，

烈 母 你 来 做 种 炉 鸡
Leeh meeh mengz mal gueh zuangc* lo gais.
选母你来做种助鸡
选你母来传种鸡咯鸡。

要 做 种 炉 鸡
Aul gueh wanl lo gais,
要做种子助鸡
拿你母来做种鸡咯鸡，

喂 做 徒 炉 鸡
Geal gueh duez[①] lo gais.
喂做种群 助鸡
拿你母来做传世种群咯鸡。

饭 皇 养 母 你 炉 鸡
Haux weangz jingx* meeh mengz lo gais,
饭皇养母你助鸡
皇家的饭养你的母咯鸡，

雾 皇 养 母 你 炉 鸡
Muagt*[②] weangz jingx* meeh mengz lo gais,
饲料皇养母母助鸡
皇家的饲料养你的母咯鸡，

①duez 原义指动物，这里指鸡的种群。

②muagt* 原义一般指猪食，ramx muagt* 猪食、猪食料、猪饲料。Rongl* ramx muagt* 煮猪食。这句的 muagt* 词义延伸为动物的饲料。

谷　皇　落　母你　炉鸡
Gaagt* weangz duagt* meeh mengz lo gais.

稻谷皇落母你助鸡
皇家的谷物养你的母咯鸡。

要做　种　炉鸡
Aul gueh zuangc* lo gais,

要做种助鸡
拿做种鸡咯鸡,

养　做　徒炉鸡
Jingx* gueh duez lo gais.

养做种群助鸡
养做种群传世的鸡咯鸡。

前　母　你不　公
Goons meeh mengz miz bux,

从前母你没公配
从前因洪水滔天你的母没有雄的配咯鸡,

要　鸟纸　做　公
Aul rogsal gueh bux.

拿纸鸟做雄
拿纸鹤做雄的来配。

先　母你　不　贯
Ndux meeh mengz miz goons*,

远古母你没无配
远古你母无配偶,

要　鸟纸　做　贯
Aul rogsal gueh goons*.

要纸鸟做配
先拿纸鸟来配。

公　的　飞　苑　上
Bux dih* mbinl gongx* genz,

公它飞到上
公(雄)的飞在上面,

母　的　成　苑　下
Meeh dih* xunz gongx* lac.

母它游到下
母(雌)的站在下面。

母　的　开　翅　等
Meeh dih* haail* fed xac,

母它展翅等
母鸡展翅等,

公 的 大 翅 盖
Bux dih* dacfed gams*.
公它展翅盖
公鸡展翅盖。

得 三 日 去 面
Ndaix saaml ngonz bail nac,
得三天去后
过三天以后，

得 五 日 去 背
Ndaix hac ngonz bail langl.
得五天去后
过五天以后。

脸 母 你 红 怎 红 炉 鸡
Nac meeh mengz ndingl zez* ndingl lo gais,
脸母你红就红助鸡
你母的脸红了又红咯鸡，

脸 母 你 红 相 血 炉 鸡
Nac meeh mengz ndingl lumc lied lo gais.
脸母你红像血助鸡
你母的脸红像血咯鸡。

脸 母 你 闹 其 闹 炉 鸡
Nac meeh mengz ndudt* jiz* ndudt*① lo gais,
脸母你红又红助鸡
你母的脸红又红咯鸡，

脸 母 你 闹 相 火 炉 鸡
Nac meeh mengz ndudt* lumc fiz lo gais.
脸母你红像火助鸡
你母的脸红如火咯鸡。

母 皇 要 三 把 草 垫 笼
Meeh weangz aul saaml gaml feangz② zah* ruangs*,
母皇拿三把稻草垫笼
皇的母亲拿三把稻草垫鸡笼，

母 皇 要 六 把 稻草 垫 窝
Meeh weangz aul rogt gaml nyaangc* zah* rauz*.
母皇拿六把稻草垫窝
皇的母亲拿六把草垫窝咯鸡。

---

①ndudt* 原义指热闹、繁华，这里指红色。

②feangz 指稻谷草；下句的 nyaangc* 泛指草、各种草。Nyic* 指嫩草。Nyal* 泛指各种草。

垫　窝　在　脚　铁　　　　垫窝在脚板壁
Zah* rauz* xos dinl waz,　　　　垫窝在板壁脚下，

母　你　找　下　蛋　　　　母你找下蛋
Meeh mengz ral dauc jais.　　　　你母找到来下蛋。[①]

垫　窝　在　排　愿　　　　垫窝在大板凳脚
Zah* rauz* xos baz* qyanl*,　　　　做窝在长板凳脚下，

母　你　找　下　蛋　　　　母你找下蛋
Meeh mengz ral dauc jais.　　　　你母来下蛋。

垫　窝　在　边　上　　　　垫窝在边上
Zah* rauz* xos baaih genz,　　　　做窝在上坎，

母　你　找　下　蛋　　　　母你找下蛋
Meeh mengz ral dauc jais.　　　　你母来下蛋。

垫　窝　在　孔　门　　　　垫窝在门外
Zah* rauz* xos gongx* dul,　　　　做窝在门外，

母　你　找　下　蛋　　　　母你找下蛋
Meeh mengz ral dauc jais.　　　　你母来下蛋。

一　日　下　一　个　　　　一天下一个
Idt ngonz dauc idt gaauh*,　　　　一天下一个，

二　日　下　二　个　　　　二天下二个
Soongl ngonz dauc soongl gaauh*,　　　　两天下两个，

①下蛋，方言词，即产蛋。下同。

三 日 下 三 个　　三天下三个
Saaml ngonz dauc saaml gaauh*,　　三天下三个，

四 日 下 四 个　　四天下四个
Sis ngonz dauc sis gaauh*,　　四天下四个，

三 四 天 下 了 十二 个　　三四天下得十二个
Saamlsis ngonz dauc ndaix xibngih gaauh*.　　三四天下了十二个。

下 满 窝 鸡 掷　　下满窝鸡完
Dauc riml rauz* gais leeux,　　下满了整个鸡窝，

下 满 笼 烧 臣　　下满笼就成
Dauc riml ruangs* saz* senz*.　　下满了整个鸡笼。

下 满 鸡 管 窝　　下满鸡管窝
Dauc riml gais gunc* rauz*,　　下满了窝鸡来管，

下 满 窝 鸡 养　　下满窝鸡养
Dauc riml rauz gais jingx*.　　下满了窝鸡来孵。

日 尕 好 母 你　　哪天好母你
Ngonzlaez ndil meeh mengz　　哪天是好日子

拿 脚 去 内 的 踌　　拿脚去里那刨
aul gal bail ndael dih* guis*,①　　母鸡就用脚去刨，

日 尕 好着 母 你　　哪天好看母你
Ngonzlaez mbaaus* meeh mengz　　哪天是吉日

①guis* 指鸡用双脚在地上刨食。

拿 胸膛 去 内 的 抱
aul aagt* bail ndael dih* bamx*.[①]

拿胸去里那抱
你母就拿胸膛去孵。

让 脚 去 边 方 卯
Doc* gal bail baaih bongl* mauc,

让脚朝边方卯
让脚朝卯(东)的方向,

让 头 去 边 方 辰
Doc* jauc bail baaih bongl* jiz*.

让头去边方辰
让头朝辰(西)的方向,

沼 成 肝 成 㽳
Zaaux* banz dabt banz aail,[②]

造成肝成嗉囊
孵出了小鸡的肝和嗉囊,

沼 成 脚 成 翅
Zaaux* banz gal banz fed,

造成脚成翅
孵出了小鸡的脚和翅膀,

沼 成 口 鸡 吃
Zaaux* banz bas gais genl,

造成嘴鸡吃
孵出了小鸡会吃东西的嘴,

沼 成 脚 鸡 蹟
Zaaux* banz gal gais guis*.

造成脚鸡刨
孵出了小鸡会刨食的脚。

二 十 日 池 出
Ngihxib ngonz zez* os,

二十天就出
二十天就孵出小鸡,

二 一 日 池 跳
Ngihidt ngonz zez* diangc*.

二十一天就跳
二十一天小鸡就会跳。

①bamc* 原义指匍匐,这里指鸡孵蛋。
②aail 指嗉囊,即鸡胗。

布依族摩经典籍 帽吴经

变　成　翅　滩　母 Bins* banz fed zax*① meeh,	变成翅像母 小鸡长出像母鸡一样的翅膀,
变　成　濡　烧　腾 Bins* banz ruc* saz* sengz*.	变成冠模样 长出了鸡冠。
变　成　脚　徒　优 Bins* banz gal duezyeeuh*,	变成脚鹞子 长出了像鹞子一样的脚,
变　成　翅　徒　𠯿 Bins* banz fed duezal,	变成翅乌鸦 长出像乌鸦会飞的翅膀,
变　成　脚　鸡　蹪 Bins* banz gal gais guis*.	变成脚鸡刨 长出会刨东西的脚。
想　送　蹪　而　的　不　蹪 Geiz* haec guis* lez dih* miz guis*,	的让刨或它不刨 该刨的它不刨,
去　蹪　柯　菜　皇　干 Bail guis* gol byas* weangz roz.	去刨棵菜皇干 去刨皇家的干菜。
去　蹪　柯　蒜　皇　倒 Bail guis* gol wol* weangz lamx,	去刨棵蒜皇倒 把皇家的蒜刨倒了,
去　蹪　柯　花　皇　条 Bail guis* gol ndaais* weangz deeuz*.②	去刨棵花皇死 把皇家的花刨死了。

①zax* 多义词,有像、如同、赶等义,这里指像。

②deeuz* 原义指逃,这里指死。

去 蹟 柯 孽 皇 倒　　去刨棵辣椒皇倒
Bail guis* gol legjiaul* weangz lamx,　　把皇家的辣椒刨倒了,①

去 蹟 塘 水 皇 浑　　去搅塘水皇浑
Bail guis* wangz*② ramx weangz nyuangz*.　　搅浑了皇家的水塘。

皇 怎 苦 烧 墨　　皇就生气很(状词)
Weangz zez* hamz saz* mog*,　　皇见了很生气,

皇 怎 觏 烧 矛　　皇就见发火
Weangz zez* sagt* zaz* meuz*.　　皇见了就发火。

皇 扛 夯 来 砍　　皇扛大刀来砍
Weangz ged qyaangx dauc ramc,　　皇扛大刀来砍鸡,

砍 母 你 炉 鸡　　砍母你助鸡
Wanz* meeh mengz lo gais,　　就想砍你母呀鸡。

皇 要 刀 来 杀 老母 你 炉 鸡　　皇拿刀要杀母你助鸡
Weangz aul mid laic* gac meeh mengz lo gais,　　皇要拿刀杀你母咯鸡,

皇 要 弩 射 老母 你 炉 鸡　　皇拿弩射母你助鸡
Weangz aul fahqyaangx nengz* meeh mengz lo gais.　　皇要拿弩射你母咯鸡。

前 母 你 晓 说　　从前母你会说
Goons meeh mengz rox nauz,　　从前你母会说话,

①辣椒倒了,指辣椒死了,没有收成了。
②wangz* 指水塘、水潭、深潭。

先 母 你 晓 语	古时母你会话
Ndux meeh mengz rox haus :	古时你母会讲话：
你 不 杀 我 皇	你不杀我皇
Mengz mis* gac gul weangz.	你不要杀我吧皇。
皇 三 印 四 印	皇三印四印
Weangz saaml yins* sis yins*,	皇有三块印四块印，
我 有 印 一 老	我有印一大
Gul lix yins* ndeeul laaux.	我[①]有一块印大。
皇 三 保 四 保	皇三保佑四保佑
Weangz saaml baauc sis baauc,	皇有三个保佑四个保佑，
我 有 保 一 壤	我有保佑一稳固
Gul lix baauc ndeeul manh.	我有一个保佑很稳固。
皇 三 块 四 块	皇三块四块
Weangz saaml gaais sis gaais,	皇有三块印四块印，
我 有 一 块 好	我有块一好
Gul lix gaais ndeeul ndil.	我有一块印好。
印 麻 老 你 说	印啥大你说
Yins* maz laaux mengz nauz,	你说什么印好，

①我，指鸡。

保　麻　壤　你　说
Baauc maz manh* mengz nauz,

保佑啥稳固你说
你说什么保佑稳固，

块　麻　好　你　说
Gaais maz ndil mengz nauz.

块啥好你说
哪块印好你说。

我　不　印　麻　老　于　皇
Gul miz yins* maz laaux yiz weangz,

我没印啥大助皇
我没有啥印大咯皇，

我　不　保　麻　壤　于　皇
Gul miz baauc maz manh* yiz weangz.

我没保佑 啥稳固助皇
我没啥稳固的保佑咯皇。

我　不　块　麻　好　于　皇
Gul miz gaais maz ndil yiz weangz,

我没块啥好助皇
我没哪块印好咯皇，

琅　摇　头　我　皇
Laic* nyinh* jauc gul weangz,

要摇头我皇
我摇头给你看咯皇，

头　我　有　四　眼
Jauc gul lix sis dal,

头我有四眼
我的头有四只眼，

脚　我　有　四　硐
Dinl gul lix sis zuangh*,

脚我有四洞
我的脚有四个洞，

立　相　双　柱　淤
Dangc lumc guh saul yiz.

立像双柱助
竖着就像两根柱。

了　方　听　我　话
Leeux bongl* nyiel gul haaus,

全方听我话
各方都来听我说，

搓　　打　　上　我　晓
Zaaic* duais* saangl gul rox,
差打上我知
当差的打上方我知道，

官　　打　下　我　晓
Gunl* duais* lac gul rox,
官打下我知
当官的打下方我知道。

⿸麻布　　　徒鬼　我　晓
Zaangz* duezfaangz gul rox,
床鬼我知
鬼的床铺我知道，

床　　　补 痛　我　晓
Zaangz* buxjadt gul rox,
床痛病的人我知
病痛人的床我知道，

⿱竹席　　　卜皆　我　知
Mbenx* buxjaic* gul rox.
睡席肺痨的人我知
肺痨人的睡席我知道。

要　　说　⿰钅差　　打　　上
Laic* nauz zaaic* duais* genz,
要说差打上
要说是当差的打上边，

不　是　　⿰钅差　　打　　上
Miz daic zaaic* duais* genz.
不是差打上
不是当差的打上边。

来　　说　官　　打　　下
Laic* nauz gunl* duais* lac,
要说官打下
要说是当官的打下边，

不　是　　官　　打　　下
Miz daic* gunl* duais* lac.
不是官打下
不是当官的打下边。

来　　说　　⿸麻布　　　徒 鬼
Laic* nauz mbuans* duezfaangz,
要说床铺鬼
要说是鬼的床铺，

不 是   𫉤   徒鬼
Miz daic* mbuans* duezfaangz.

不是床铺鬼
不是鬼的床铺。

要   说   床   补痛
Laic* nauz zaangz* buxjadt,

要说床病痛的人
要说是病痛人的床,

不 是   床   补痛
Miz daic* zaangz* buxjadt.

不是床病痛的人
不是病痛人的床。

要   说   席   补皆
Laic* nauz mbenx* buxjaic*,

要说睡席肺痨的人
要说是痨痛人的睡席,

不 是   席   补 皆
Miz daic* mbenx* bux jaic.

不是席人 皆
不是涝病人的睡席。

骨 鸡 得 趺 麻
Ndos gais ndaix wax* mal,

骨鸡得摸来
是鸡骨已经咒过了,[1]

骨 鸡 得 趺 散
Ndos gais ndaix wax* saans.

骨鸡得摸散
鸡骨咒过鬼就散了。

铁 散 铁 拿 条
Wax* saans wax* aul diauz*,

摸散摸拿掉
摸散了就拿掉了,

骨 鸡 得 铁 麻
Ndos gais ndaix wax* mal,

骨鸡得摸来
鸡骨已摸过,

骨 鸡 得 铁 笑
Ndos gais ndaix wax* reeul.

骨鸡得摸笑
鸡骨摸过就好。

①鸡骨已经咒过了及以下的摸过鸡骨,指已将鸡骨看过了卦,即已占过卜。

铁 笑 铁 拿 出 | 摸笑摸拿出
Wax* reeul wax* aul doc*, | 赶鬼出去就笑了,

纳 去 寨 烧 鸡 | 拿去寨烧鸡
Aul bail mbaanx saz* gais, | 拿鸡骨去寨子边烧了,

纳 去 脚 烧 油 | 拿去寨脚烧了
Aul bail dinl[①] saz* yuz. | 拿鸡骨去寨子脚烧了。

硐 狮 好 而 通 | 哪件好助通
Zuangh* laez ndil laz dongh*, | 哪件事是好的就知道了,

硐 狮 恶 而 瞒 | 哪件不好助不提
Zuangh* laez qyas laz maanz*. | 哪件事是坏的就不提了。[②]

敢 耳 涀 老 的 | 竖耳听说话
Gaml rez nyangh* laaux* dih*, | 竖起耳听着,

歪 耳 听 老 的 | 侧耳听说话
Qyangh* rez nyiel laaux* dih*. | 侧起耳听着。

请 养 你 主 人 擁 太 再 | 请样你主人祖先神
Sens* yaangc* mengz suc renz* yongh* dais* sais*, | 请先祖神来,

再 我 海 上 天 | 从那里上天
Dais zuangh* haaix* genz mbenl, | 请天上的神下凡,

①dinl 原义指脚,这里指寨脚。
②这句及上句,指经过占鸡卦后,好事坏事都知道了。

请　来　吃　锅　血　红　　　　请来吃锅血红
Sens* mal genl gval lied ndingl,[1]　　　　请来吃锅里的鸡血,

请　来　吃　盘　血　大　　　　请来吃盘血大
Sens* mal genl bunz* lied hungl*.　　　　请来吃满盘的鸡血。

凉　响　耕　池　吃　　　　刚开始吃就吃
Zamx* ndal* genl zez* genl,　　　　刚开始吃就吃,

风　响　降　池　吃　　　　风开始净就吃
Romz ndal* jiangs* zez* genl.　　　　风吹凉就吃。

请　养　你　皇　　　　请样你皇
Sens* yaangc mengz weangz　　　　请你远古

补　蟮　各　世先　　　　人生意古
bux buns* gol* xeeuhndux,　　　　做各种生意的祖师,

补　蟮　各　世前　　　　人生意从前
Bux buns* gol* xeeuhgoons.　　　　请你从前做各种生意的先祖。

请　养　你　报　仙皇　世先　　　　请样你神仙远古
Sens* yaangc mengz Baus sianlweangz xeeuhndux,　　　　请你远古的神仙,

补　仙皇　世前　　　　神仙从前
Bux sianlweangz xeeuhgoons.　　　　请从前的神仙。

①lied ndingl 原义指红血,这里指鸡血。

请 养 你 报 皇蛛 世先 请样你渔业神远古
Sens* yaangc* mengz Baus weangzgaaul xeeuhndux, 请你远古的渔业神，①

补 皇蛛 世前 渔业神从前
Bux weangzgaaul xeeuhgoons. 请你从前的渔业神。

请 养 你 报 琅夺 世先 请样你布琅夺远古
Sens* yaangc mengz Baus legdoz xeeuhndux, 请你远古的布琅夺，②

请 养 你 报 琅兑 世前 请样你布琅兑从前
Sens* yaangc mengz Baus legdoz xeeuhgoons. 请你从前的布琅兑。

请 养 你 脸 有 个 筛 请样你脸如同个筛
Sens* yaangc mengz nac biex* gaauh* rangl, 请你脸大如筛的神，

鼻 有 个 炉 鼻如同个风箱
Ndangl biex* gaauh* baaih. 请你鼻子大如风箱的神。

脸 有 个 筛 脸如同做筛
Nac biex* gaauh* rangl, 请你脸大如筛的神，

鼻 有 个 兑 鼻如同做碓
Ndangl biex* gaauh* duaih*. 请你鼻子大如碓的神。

请 来 吃 锅 血 红 请来吃锅血红
Sens* mal genl gval lied ndingl, 请来吃锅里的鸡血，

①渔业神，即布依族传说中的专管渔业的神。
②布琅夺及下句的布琅兑，人名，布依族传说中的神。

请　来 吃 盘　血 大	请来吃盘血大
Sens* mal genl bunz* lied hungl*.	请来吃满盘的鸡血。
凉　响　耕 池　吃	刚开始吃就吃
Zamx* ndal* genl zez* genl,	刚开始吃就吃，
风　响　降　池　吃	风开始净就吃
Romz ndal* jiangs* zez* genl.	风吹凉就吃。
请　养　你 补 骑 马　世 先	请样你人骑马远古
Sens* yaangc mengz bux goih max xeeuhndux,	请你远古骑马顶着天的神，
捕 脚 毛 耙　泥	请脚毛着泥
Bux dinl benl bac* naamh.	请你从前赤脚踏着地的神。
请　你 补　骑 马 守 槽　世 先	请你人骑马守槽远古
Sens* mengz bux goihmax daez zaauz* xeeuhndux,	请你远古为人守槽的神，
补 拿 奻　守　廂　世 前	人拿小姐守床铺从前
Bux aul saaul daez mbuans* xeeuhgoons.	请你从前为大家守床铺的神。
请　养　你 补 吃 肉 鸭 肥	请样你人吃肉鸭肥
Sens* yaangc* mengz bux genl noh bidt biz,	请你喜欢吃着肥鸭肉的神，
杀　人 好　不　偿	杀人好不赔偿
Gac wenz ndil miz bengh*.	请你杀人不偿命的神。
请　你 补 吃 肉 鸭 坠　世 前	请你人吃肉鸭沉从前
Sens* mengz bux genl noh bidt zaml* xeeuhgoons,	请你从前吃着鸭肉的神，

杀 人 魂 不 偿 Gac wenz wanl miz bengh*.	杀人魂不赔偿 请你杀人不赔偿的神。
请 来 吃 锅 血 红 Sens* mal genl gval lied ndingl,	请来吃锅血红 请来吃锅里的鸡血，
请 来 吃 盘 血 大 Sens* mal genl bunz* lied hungl*.	请来吃盘血大 请来吃满盘的鸡血。
凉 响 耕 池 吃 Zamx* ndal* genl zez* genl,	刚开始吃就吃 刚开始吃就吃，
风 响 降 池 吃 Romz ndal* jiangs* zez* genl.	风开始净就吃 风吹凉就吃。
奇 你 我 祭 咗 Jiz* nix gul jis* leeux,	到这我就完 摩经念到此我就结束，
碗 你 我 祭 了 Ngonznix gul jis* leeux.	今天我就完 今天我念摩经结束。
世 前 非 沼 锡 Xeeuhgoons fih zaaux* rigt*,	从前未造天地 从前未造天地，
世 先 非 沼 仙 Xeeuhndux fih zaaux* sianl.	远古未造仙 远古还没有神仙。
非 沼 锭 背 地 Fih zaaux* sianl langl dih,	未造仙和地 没有造天和地，

非　沼　店　孔　蛛　　　未造地点洞蛛
Fih zaaux* zuangh* gongx* gaaul.　　　还未造蜘蛛网。

老　非　班　朝　门　　　还未搬朝门
Laangx* fih bunc* gongx* jingz*,　　　还没有造朝门，

抖　门　锭　非　亮　　　大门窗未亮
Guangs* dul dinl* fih roongh.　　　门上的窗未亮。

贯　横　坤　浾　沼　　　从前黄牛大未造
Goons zeiz* nugt* fih zaaux*,　　　从前未造黄牛，

蛛　壳　城　非　寄　　　蜘蛛地方城未粘
Gaaul beangz xul fih jis*.　　　未造城中的蜘蛛。

经　历皇　非　外　　　定皇历未开
Dingl* weangzlil* fih wail*,　　　还未造皇历，

孔　街　皇　非　闹　　　街巷皇未热闹
Gongc* gaail weangz fih ndudt*,　　　皇城的街上还不热闹，

非　沼　寨　琅　炉　　　未造寨和街
Fih zaaux* mbaanx langl luz*,　　　未造寨和街，

非　沼　城　琅　笙　　　未造城和镇
Fih zaaux* xul langl senh*,　　　未造城和镇，

田　三　榜　非　沼　　　田上塝未开垦
Naz saangl baangx* fih zaaux*,　　　未造坡塝上的田，

路　七　姓　非　沼 Ronl zadt* sens* fih zaaux*,	路七姓氏[1]未造 未造各姓氏的路，
滚　　柴　杈　非　诏 Guns* fenz ngaz fih zaaux*,	捆柴杈未造 未造扛柴的杈，
非　沼　　汉　管　　壳 Fih zaaux* Has guns* beangz.	未造汉族管地方 未有管理地方的人。
非　沼　　均　管　　地 Fih zaaux* yinl* gunc* rih,	未造人管旱地 未有管理旱地的人，
非　沼　　汉　管　　田 Fih zaaux* Has gunc* naz,	未造汉族管田 未有管理田的人，
非　沼　　腊　管　　地 Fih zaaux* laz* gunc* rih.	未造人管旱地 未有统计田地的人。
后　　来　　养　　沼　　蜡 Langl mal yaangc* zaaux* rigt*,	后来才造乾坤 后来才开始分乾坤，
后　　来　养　　沼　　仙 Langl mal yaangc* zaaux* sianl.	后来才造仙 后来才开始造神仙。
养　　　沼　　徒　　背　地 Yaangc* zaaux* duez[2] langl rih,	才造动物和旱地 才造家畜家禽和旱地，

---

①七姓氏，这里是泛指各姓氏。
②duez 原义指动物，这里主要指家畜和家禽。

养　　沼　　店　　孔　　珠	才造地方洞蜘蛛
Yaangc* zaaux* dianh* gongx* gaaul,	才开始造蜘蛛网一样的路,
养　　沼　　店　　朝　　门	养造地点朝门
Yaangc zaaux* dianh* gongx* jingz*,	才造大门和朝门,
抖　　门　　锭　　养　　亮	大门窗才亮
Guangs* dul daangs yaangc* roongh,	才造门上的窗会亮,
贯　　横　　老　　养　　喂	从前黄牛老才喂
Goons zeiz* jees yaangc* gael,	才开始喂养老黄牛,
珠　　壳　　城　　养　　寄	蜘蛛地方城才粘
Gaaul beangz xul yaangc jis*,	才开始有纵横的城,
经　　历皇　　养　　外	定皇历才开
Dingl* weangzlil* yaangc* wail*,	才开始有皇历,
孔　　街　　皇　　养　　闹	街巷皇才热闹
Gongc* gaail weangz yaangc* ndudt*,	才造热闹的街巷,
养　　沼　　寨　　琅　炉	才造寨和街
Yaangc* zaaux* mbaanx langl luz*,	才造寨和街,
养　　沼　　城　琅　笙	才造城和镇
Yaangc* zaaux* xul langl senh*,	才造城和镇,
田　三　　榜　　养　　沼	田上塝才造
Naz saangl baangx* yaangc zaaux*,	才造坡塝上的田,

路 七 姓 养 沼	路七姓氏才造
Ronl xedt sengs* yaangc* zaaux*,	才造各姓氏的路,
滚 柴 着 养 沼	捆柴杈才造
Guans* wenz zos* yaangc* zaaux*,	才造扛柴的杈,
汉 管 壳 养 沼	汉族管地方才造
Has gunc* beangz yaangc* zaaux*,	才有了管理地方的人,
沟 管 地 养 沼	人管地才造
Nianz* gunc* rih yaangc* zaaux*,	才有了管理旱地的人。①

①本节因重复的内容较多,已将重复部分删除。

MOL JIS* YIZ* /仙皇经[1]

前 非 沼 草 蕊 　从前未造草芯
Goons fih zaaux* nyic* ndeil*, 　从前还没造草芯，

先 非 沼 草 筋 　从前未造草筋
Ndux fih zaaux* nyic* nyinz*. 　远古还未造草筋。

非 沼 定 背 地 　未造宇宙和地
Fih zaaux* dinl* langl dih*, 　未造宇宙的天和地，

非 沼 揿 叶 排 　未造横排叶竖排
Fih zaaux* zaaic* mbael baaiz*,[2] 　未造横排和竖排的树叶，

非 沼 开 叶 树 　未造开树叶
Fih zaaux* haail* mbaelfaix. 　不知树何时发芽。

非 沼 得 种 文 　未造得种人
Fih zaaux* ndaix zuangc* wenz, 　未繁衍人类，

非 沼 吃 种 饭 　未造吃种吃饭
Fih zaaux* genl zuangc* haux. 　未知何种物可食。

---

①原经文标题记为祭淤，布依语，即仙皇。

②zaaic* 指横排，baaiz* 指竖排。

后　养　沼　草　蕊
Langl yaangc* zaaux* nyic* ndeil*,

后来才造草蕊
后来才开始造草芯，

先　养　沼　草　筋
Ndux yaangc* zaaux* nyic* nyinz*.

远古才造草筋
后来才开始造草筋。

养　沼　定　背　地
Yaangc* zaaux* dinl* langl dih*,

才造宇宙和地
才造宇宙的天和地，

养　沼　撒　叶　排
Yaangc* zaaux* zaaic* mbael baaiz*.

才造横排叶竖排
才造横排和竖排的树叶，

养　沼　开　叶　树
Yaangc* zaaux* haail* mbaelfaix,

才造开树叶
才知树叶何时发芽，①

养　沼　得　种　文
Yaangc* zaaux* ndaix zuangc* wenz,

才造得种人
才繁衍人类，

养　沼　吃　种　饭
Yaangc* zaaux* genl zuangc* haux.

才造吃种子饭
才造人吃的粮食。

前　十 九　儿　皇
Goons xibguc legweangz,

从前十九皇儿
从前十九代皇儿，②

先　十 二　儿　皇
Ndux xibngih legweangz.

远古十二皇儿
远古十二代皇儿。

---

①指已有了季节的概念。
②皇儿，人名。布依族传说中的皇与汉语里的皇概念不一样。布依族传说中的皇，指的是智者。

脚 站 在 边 方 午
Gal suangz* xos baaih bongl* sax,

脚站在边方午
仙女站在午方,[1]

面 站 在 边 方 风
Nac suangz* xos baaih bongl* romz.

面站在边方风
仙女面对风吹来的方向。

正 月 养 二 月
Ndianl xiangl yaangc* ndianl ngih,

月正样月二
正月过了是二月,

闸 脚 等 风 吹
Jaangl gal xac romz wauh*.

中脚等风吹
仙女双脚站着等风吹。

风 月 二 风 冷
Romz ndianl ngih romz zamx*,

风月二风冷
二月的风是冷风,

风 凉 整 在 身
Romz zamx* leeux xos ndaangl.

风凉整在身
风吹来使人觉得凉。

凉 整 在 身 肉
Zamx* leeux xos ndaangl noh,

凉整在身肉
整个身子都发凉,

凉 在 整 身 闹
Zamx* xos leeux ndaangl ndudt*.

凉在整身热闹
整个身子觉得冷。

沼 成 滕 角 拔
Zaaux* banz gauljih* raaul*,

造成角落妆
仙女梳妆成拐角妆,[2]

沼 成 酉 角 仓
Zaaux* banz ngaangx* jih* eeux.

造成仰角仓
仙女梳妆像仰角仓。

①午方,指东方。
②此句及下句喻指仙女已经与神风交配。

得 二 三 月 擶
Ndaix soongl saaml ndianl jiangs*, [1]

得两三月清静
仙女清静地住了两三个月，

得 七 八 月 先
Ndaix xedt beedt ndianl goons,

得七八月先
住了七八个月，

得 八 九 月 后
Ndaix beedt guc ndianl langl.

得八九月后
住了八九月之后。

肉 成 黑 养 剪
Noh banz wanx* lumc jiauz*,

肉成黑像豆豉叶
仙女的肉色黑像豆豉叶一样，[2]

面 成 青 养 擶
Nac banz yeeul* lumc qyanl*.

脸成青像青菜
脸色青像青菜一样。

肉 成 黄 养 黀
Noh banz yanc* lumc dingl*,

肉成黄像黄瓜
仙女的肉色像黄瓜一样黄，

面 成 闪 养 擶
Nac banz qyiabt lumc qyanl*.

脸成闪像青菜
脸色变白又变青。

吃 菜 于 说 查
Genl byagt yiz* nauz zaz*.

吃菜也说粗
吃菜就说菜粗不好吃。

卖 池 盘 水 儒
Maic* zez* bunz* ramx ruh*,

喝就盘水漏
喝水像用盘子喝一样的漏，

吃 菜 韭 吃 桃
Genl byagtwuc* genl daauz*,

吃韭菜吃厌倦
厌倦吃韭菜，

①jings* 原义为鲜，这里指清静。
②喻指仙女已经怀孕。

卖　　肉　　白　莄　　蛋
Maic* noh riangz dinl* gais,

怕肉和鸡蛋
害怕吃肥肉和鸡蛋，

肝　　养　　成　　捅　　撤
Dabt yaangc* banz namc* ngamc*,

肝样成翻动
肝子像翻滚一样，

肠　　养　　成　捅　　满
Saic yaangc* banz namc* riml*

肠样成翻滚
肠子像翻滚一样。

要　徒　鸭　　一　改　　伤　沾
Aul duezbidt ndeeul gaic* singl goc*,

拿鸭一解绑野鬼黏附
拿鸭来解[①]野鬼的捆绑，

要　徒　　鹅　　一　改　　伤　官
Aul duezhaans ndeeul gaic* singl gunl*,

拿鹅一解绑野鬼官
冲撞野鬼要拿鹅来解绑，

要　　徒　　羊　来　改　　伤　老
Aul duezyuangz mal gaic* singl laaux.

拿山羊来解绑野鬼大
冲撞野鬼要拿山羊来解绑。

世　　先　胎　　筒　　胎
Xeeuhndux raanz* mbox* raanz*,

远古怀孕就怀孕
远古仙女到了年纪就怀孕，

世　　前　胎　　筒　　胎
Xeeuhgoons raanz* mbox* raanz*.

从前孕就孕
从前仙女到了年纪就怀孕。

儿　世　　前　七　　月
Leg xeeuhgoons xedt nguad,

儿从前七月
从前的胎儿孕七个月，

儿　世　　先　八　　月
Leg xeeuhndux beedt ndianl.

儿远古八月
远古的胎儿孕八个月。

---

①解及下句的解绑，指布依族的一种驱邪仪式。

布依族摩经典籍 帽吴经

月 七 做 月 痛 Ndianl xedt gueh ndianl jiadt,	月七做月痛 七个月有痛感,
月 八 做 月 先 Ndianl beedt gueh ndianl ndux,	月八做月先 八个月是出生的先兆,
月 九 做 月 见 Ndianl guc gueh ndianl ranl.	月九做月见 九个月是婴儿出生的月。
着 日 得 池 得 Xos ngonz ndaix zez* ndaix,	在天得就得 胎儿到日期就会降生,
莱 日 见 池 见 Laic* ngonz ranl zez* ranl,	要天见就见 到时间就出生,
着 日 得 其 落 Xos ngonz ndaix zez* duagt*.	在天得就落 到降生的那天就会降生。
莱 日 见 其 散 Laic* ngonz ranl zez* saans.	要天见就散 到出生的那天孕期就结束。
太 阳 跸 有 竿 Dangzngonz buangh* biex* saaux,	太阳半如竿 太阳升起一竿高,
手 凉 撑 便 壁 Fengz zamx* bac* bians* waz,	手刚扒板壁 仙女双手扒着板壁,
母 双 脚 落 股 Meeh soongl gal duagt* banl,	母双脚分开 仙女双脚分开,

孩细 谷 落 席
Legsais* gaagt* duagt* mbenx*,

婴儿立即落垫席
婴儿落在垫席上，

母 收 裙 来 上
Meeh suc* winc mal genz.

母收裙来上
仙女将裙子提上来。

二 三 丫 苑 上 歇 好
Soongl saaml yah gongx* genz zeil* ndil,

两三妇女上院心好
上院[1]两三个好心的妇女来帮忙，

想 你 得 点 火 想 绕
Gaiz* mengz ndaix diangx* fiz gaiz* raauh.

关心你得点火关心暖和
烧火给婴儿取暖。

四 五 丫 苑 下 歇 好
Sis hac yah gongx* lac zeil* ndil,

四五妇女下院心好
下院四五个好心的妇女来帮忙，

想 你 得 点 吃 想 绕
Gaiz* mengz ndaix diangx* genl gaiz* rauc.[2]

关心你得点吃关心热
做吃的给产妇补充营养。

要 水 㞙 来 湿
Aul ramxrauc mal demz*,

拿温水来湿
伯母伯娘拿温水来洗婴儿，

要 盆 针 来 洗
Aul benz jiml mal sois.

要盆金来洗
拿金子做的盆来洗婴儿。

儿 世 前 长 忙
Leg xeeuhgoons mac hanl,

儿从前长快
从前的婴儿长得快，

①上院及下文的下院，是指村寨的上街（巷）及下街（巷）。
②rauc 原义指热，这里指做饭。

孙 世 前 长 跑
Laanl xeeuhgoons mac yaad*,
孙世前长跑
从前的小孩长得快，

鬐 世 前 长 好
Laaus* xeeuhgoons mac ndil.
青年从前长好
从前的儿童长得快。

三 晨 会 骑 马
Saaml hadt rox goih max,
三晨会骑马
三个早上会骑马，

五 晨 会 跸 船
Hac hadt rox buangh* ruez,
五晨会开船
五天会开船，

六 晨 跸 冇 捞
Rogt hadt buangh* biex* nyaauh,
六晨捕捞如同虾
六天会捕捞鱼虾，

七 晨 要 棒 毪
Xedt hadt gab bongx* bih*.
七晨抓蜻蜓
七天会追蜻蜓。

猪 十 二 出 身
Mul xibngih os ndaangl,
猪十二出身
从前的青年能扛十二头猪，

酒 三 杠 出 名
Lauc saaml gaangl* os xoh.
酒三缸出名
因能连喝三缸酒而出名。

老 的 矮 孔 湾
Laauxdih* dangs gongx* gauz,
让一个吩咐河湾
叫一个人去河湾请先生，

老 的 奈 孔 蛛
Laauxdih* lail* gongx* gaaul,
一个坐蜘蛛湾
叫一个人去蜘蛛湾请先生，

送 老的 来 说 名
Haec laauxdih* dauc nauz xoh.

请一个来说名
请他来帮小孩取名。

冇 养 文 母 女
Biex* yaangc wenz meeh mbegt,

如果样人母女孩
如果生的是女孩，

要 做 骨 背 嫊
Aul gueh ndos langl raic*.

拿做骨和线
就叫她做针线活的仙女。

冇 养 文 补 男
Biex* yaangc* wenz buxsaail,

如果样人儿男孩
如果生的是男孩，

要 做 老 镱各
Aul gueh laaux* buansgol*.

要做人生意
就叫他做生意的皇。

鸟 不 得 自 吃
Rog miz ndaix gah genl,

鸟不得自吃
鸟不是一只单独生活，

文 不 得 自 歇
Wenz miz ndaix gah qyus.

人不得自住
人不是一个人单独居住。

走 背 河 去 上
Byaaic langl dah bail genz,

走着河去上
做生意的皇往河的上游走，

呈 背 河 去 下
Xunz langl dah bail lac.

游着河去下
往河的下游走。

去 闯 儿 徒 雷
Bail xabt leg duezbac*,

去遇儿雷公
去遇见了雷公的儿子，

去 闯 舅 徒 龙
Bail xabt longz* duezluangz.

去遇舅龙
遇见龙的舅舅。

去 闯 儿 徒 雷
Bail xabt leg duezbac*,

去遇儿雷公
撞见雷公的儿子,

去 闯 舅 徒 铜
Bail xabt longz* duezdongz.

去遇舅彩虹
遇见彩虹的舅舅。

你 做 文 做 友
Mengz gueh wenz gueh qyus?

你做人做怎
你怎样做人?

你 做 补 做 男
Mengz gueh bux gueh saail?

你做人做男
你怎样做男人?

去 闻 堂 鱼 仙
Bail xabt dangz byal sianl,

去遇到鱼女
去遇到鱼女,①

二 绕 来 当 家
Soongl rauz mal dangc raanz.

两咱来当家
我俩来成家。

歇 二 三 月 攋
Qyus soongl saaml ndianl jiangs*,

住两三月清静
鱼女清静地住了两三个月,

歇 七 八 月 先
Qyus xedt beedt ndianl ndux,

住七八月先
住了七八个月,

①指做生意的皇遇到了鱼女。

歇　八　九　月　后
Qyus beedt guc ndianl langl.
住八九月后
住了八九个月之后。

肉　成　黑　养　剪
Noh banz wanx* lumc Jiauz*,
肉成黑像豆豉叶
鱼女的肉色黑像豆豉一样，

脸　成　青　养　[illegible]
Nac banz yeeul* lumc qyanl*.
脸成青像青菜
脸色青像青菜一样。

肉　成　黄　养　[illegible]
Noh banz yanc* lumc dingl*,
肉成黄像黄瓜
鱼女的肉色像黄瓜一样黄，

面　成　闪　养　[illegible]
Nac banz qyiabt lumc qyanl*.
脸成闪像青菜
脸色变白又变青。

吃　菜　于　说　查
Genl byagt yiz* nauz zaz*,
吃菜也说粗
吃菜就说菜粗不好吃，

卖　池　盘　水　濡
Maic* zez* bunz* ramx ruh*.
喝就盘水漏
喝水像用盘子喝一样的漏。

吃　菜　韭　吃　桃
Genl byagtwuc* genl daauz*,
吃韭菜吃厌倦
厌倦吃韭菜，

卖　肉　白　薁　蛋
Maic* noh riangz dinl* gais,
怕肉和鸡蛋
害怕吃肥肉和鸡蛋，

肝　养　成　捅　撖
Dabt yaangc* banz namc* ngamc*,
肝样成翻动
肝子像翻动一样，

肠 养 成 捅 满
Saic yaangc* banz namc* riml*.

肠样成翻滚
肠子像翻滚一样。

要 徒 鸭 一 改 伤 沾
Aul duezbidt ndeeul gaic* singl goc*,

要鸭一解绑野鬼黏附
拿一只鸭来解绑给野鬼，

要 徒 鹅 一 改 伤 官
Aul duezhaans ndeeul gaic* singl gunl,

要鹅一解绑野鬼官
拿一只鹅来解绑给做官的野鬼，

要 徒 羊 一 改 伤 老
Aul duezyongz ndeeul gaic* singl laaux.

要山羊一解绑野鬼大
拿一只山羊来解绑给大野鬼。

世 前 胎 筒 胎
Xeeuhgoons raanz* mbox* raanz*,

从前孕就孕
从前鱼女到了年纪就怀孕，

世 先 胎 筒 胎
Xeeuhndux raanz* mbox* raanz*.

远古孕就孕
远古鱼女到了年纪就怀孕。

儿 世 前 七 月
Leg xeeuhgoons xedt nguad,

儿从前七月
从前的胎儿孕七个月，

儿 世 前 八 月
Leg xeeuhgoons beedt ndianl.

儿从世八月
从前的胎儿孕八个月。

月 七 做 月 痛
Ndianl xedt gueh ndianl jiadt,

月七做月痛
七个月有痛感，

月 八 做 月 先
Ndianl beedt gueh ndianl ndux,

月八做月先
八个月是出生的先兆，

月　九　做　月　见
Ndianl guc gueh ndianl ranl.

月九做月见
九个月是婴儿出生的月。

着　日　得　池　得
Xos ngonz ndaix zez* ndaix,

在天得就得
胎儿到日期就会降生,

来　日　见　池　见
Laic* ngonz ranl zez* ranl,

要天见就见
到时间就出生,

着　日　得　其　落
Xos ngonz ndaix zez* duagt*.

在天得就落
到降生的那天就会降生。

来　日　见　其　散
Laic* ngonz ranl zez* saans.

要天见就散
到出生的那天孕期就结束。

太　阳　跸　冇　竿
Dangzngonz buangh* biex* saaux,

太阳半如竿
太阳升起一竹竿高,

手　凉　揨　便　壁
Fengz zamx* bac* bians* waz,

手刚扒板壁
鱼女双手扒着板壁,

母　双　脚　落　股
Meeh soongl gal duagt* banl,

母双脚分开
鱼女双脚分开,

孩　细　谷　落　席
Legsais* gaagt* duagt* mbenx*,

婴儿立即落垫席
婴儿落在垫席上,

母　收　裙　来　上
Meeh suc* winc mal genz.

母收裙来上
鱼女将裙子提上来。

二 三 丫 苑 上 歇 好	两三妇女上院心好
Soongl saaml yah gongx* genz zeil* ndil,	上院两三个好心的妇女来帮忙,
想 你 得 点 火 想 绕	关心你得点火关心暖和
Gaiz* mengz ndaix diangx* fiz gaiz* raauh.	烧火给婴儿取暖。
四 五 丫 苑 下 歇 好	四五妇女下院心好
Sis hac yah gongx* lac zeil* ndil,	下院四五个好心的妇女来帮忙,
想 你 得 点 吃 想 绕	关心你得点吃关心热
Gaiz* mengz ndaix diangx* genl gaiz* raauh.	做吃的给产妇补充营养。
要 水 㕍 来 湿	拿温水来湿
Aul ramxrauc mal demz*,	伯母伯娘拿温水来洗婴儿,
要 盆 针 来 洗	要盆金来洗
Aul benz jiml mal sois.	拿金子做的盆来洗婴儿。
儿 世 前 长 忙	儿从前长快
Leg xeeuhgoons mac hanl,	从前的婴儿长得快,
孙 世 前 长 跑	孙世前长跑
Laanl xeeuhgoons mac yaad*,	从前的小孩长得快,
𦒷 世 前 长 好	青年从前长好
Laaus* xeeuhgoons mac ndil.	从前的儿童长得快。
三 晨 会 骑 马	三晨会骑马
Saaml hadt rox goih max,	三个早上会骑马,

五　晨会　跸　船
Hac hadt rox buangh* ruez,

五晨会开船
五天会开船，

六　晨　跸　冇　捞
Rogt hadt buangh* biex* nyaauh,

六晨捕捞如同虾
六天会捕捞鱼虾，

七　晨　要　棒　毴
Xedt hadt gab bongx* bih*.

七晨抓蜻蜓
七天会追蜻蜓。

猪　十　二　出　身
Mul xibngih os ndaangl,

猪十二出身
从前的青年能扛十二头猪，

酒　三　杠　出名
Lauc saaml gaangl* os xoh.

酒三缸出名
因能连喝三缸酒而出名。

老　的　矮　孔　湾
Laauxdih* dangs gongx* gauz,

让一个吩咐河湾
叫一个人去河湾请先生，

老　的奈　孔　蛛
Laauxdih* lail* gongx* gaaul,

一个坐在蜘蛛湾
叫一个人去蜘蛛湾请先生，

送　老　的　来　说　名
Haec laauxdih* dauc nauz xoh,

请一个来说名
请他来帮小孩取名。

冇　养　文　母　女
Biex* yaangc wenz meeh mbegt,

如果样人母女孩
如果生的是女孩，

要　做　骨　背　婡
Aul gueh ndos* langl raic*.

拿做针和线
就叫她做针线活的仙女。

布依族摩经典籍 帽吴经

冇　　养　文　补男 Biex* yaangc wenz buxsaail,	如果样人儿男孩 如果生的是男孩，
要　做　报　仙　　皇 Aul gueh baus Sianlweangz,	要做老者仙皇[①] 就叫他仙皇。[②]
前　　十 九　儿　　皇 Goons xibguc legweangz,	从前十九皇儿 从前十九代皇儿，
先　　十　二　　儿　　皇 Ndux xibngih legweangz.	远古十二皇儿 远古十二代皇儿。
别　　扛　　网　　去　塘 Ndagt* ged muengx* bail damz,	别人扛网去塘 别人扛网去鱼塘网鱼，
皇　　扛　　网　　去　塘 Weangz ged muengz bail damz.	皇扛网去塘 仙皇也扛网去鱼塘网鱼。
别　　扛　　网　　去　河 Ndagt* ged muengx* bail dah,	别人扛网去河 别人扛网去河里网鱼，
皇　　扛　　网　　去　河 Weangz ged muengz bail dah.	皇扛网去河 仙皇也扛网去河里网鱼。
放　　排　　网　　屁　一 Zongs* baiz muengx* daaix* idt,	放次网第一 仙皇撒第一网，

①Sianlweangz 仙皇，人名，指做生意的皇的大儿子。
②以上这一段是叙述做生意的皇的大儿子——仙皇的出生过程。

得 二 三 母 鱼 塘
Ndaix soongl saaml meeh byal damz
得二三母鱼塘
得两三条小鱼

于 拾 在 笼
yiz* jibt* xos ruangs*.
也捡在笼
也捡在笼里。

放 排 网 屁 二
Zongs* baiz muengx* daaix*ngih,
放次网第二
仙皇撒第二网,

得 四 五 母 鱼 恐
Ndaix sis hac meeh byalgongx*
得四五母谷桩鱼
得四五条谷桩鱼①

于 捡 在 笼
yiz* jibt* xos ruangs*.
也捡在笼
也捡在笼里。

放 排 网 屁 三
Zongs* baiz muengx* daaix*saaml,
放次网第三
仙皇撒第三网,

得 四 五 母 鱼 鱿
Ndaix sis hac meeh byalweangz
得四五母鱼王
得四五条母鱼

于 捡 在 笼
yiz* jibt* xos ruangs*.
也亦捡在笼
也捡在笼里。

皇 拿 鱼 来 寨
Weangz dez byal mal mbaanx,
皇拿鱼来寨
仙皇拿着鱼回寨,

皇 提 鱼 来 家
Weangz reuc* byal mal raanz.
皇提鱼来家
仙皇提着鱼回到家。

---

①谷桩鱼,方言词,即小鱼。

菜　饭　好炉母
Byagt ngaaiz ndil lo meeh,

菜早饭好咯母
早饭有好的菜了呀妈，

吃　⿰飠旱　老炉母
Genl ngaaiz laaux lo meeh.

吃早饭丰盛 咯母
吃一餐丰盛的早饭呀妈。

母　皇　打　坛　一
Meeh weangz duais*[1] daanz* idt,

母皇说从一
仙皇的母亲鱼女从头说起，

母　皇　瓢　坛　溜
Meeh weangz beul* daanz* leuh*:

母皇说说一遍
仙皇的母亲鱼女从头讲起：

想　的　是　铜　背　舅　补　在
Gaiz* dih* siq longz* langl nax* bux xos,

的它是大舅和幺舅人在
鱼是你的大舅和幺舅，

想　的　是　太　是　达　补　做
Gaiz* dih* siq daais langl dal bux xos.

的它是外家和外公人在
鱼是你的外公和外婆。

母　有　儿　菜　吃　你　炉　母
Meeh biex* leg laic* genl byal lo meeh,

母如果儿要吃鱼咯母
仙皇非要吃这鱼的话，

母　是　儿　徒　鱼　个　井
Meeh siq leg duezbyal gaauh* mbos

母是儿鱼个井
你母亲是井里鱼的孩子

池　转　去　井
zez* daaus bail mbos,

就转回去井
就要回到井里去，

母　是　儿　徒　惰　个　窝
Meeh siq leg duezdos gaauh* rauz*

母是儿马蜂个窝
你母亲是窝里的蜂

---

①duais*，与下句的 beul* 同义，有说、商量之义。

池　转 去 窝
zez* daaus bail rauz*,

就转回去窝
就要回到窝里去，

母　是 儿 徒　铜　个　海
Meeh siq leg duezdongz* gaauh* haaix

母是儿彩虹个海
你母亲是海里彩虹的孩子

池　转　去 海
zez* daaus bail haaix,

就转回去海
就要回到海里去，

母 是 儿 徒 鱼 里 沟
Meeh siq leg duezbyal ndael mengl

母是儿鱼里沟
你母亲是沟里的鱼

池　转　去 沟
zez* daaus bail mengl.

就转回去沟
就要回到沟里去。

儿 拈 鱼 在 嘴
Leg nyab byal xos bas,

儿夹鱼在嘴
仙皇不听夹鱼放进嘴里吃，

儿 捡 鱼 在 喉
Leg jibt* byal xos hoz.

儿检鱼在喉
仙皇不听把鱼放进喉咙吃。

鱼　母 是 儿 井
Meeh byal siq leg mbos

母鱼是儿井
鱼女是井里鱼的孩子

池　转 去 井 提 撤
zez* daaus bail mbos dazraaix,

就转回去井真的
真的转回井里去了，

母　是 儿 徒 惰　个　窝
Meeh siq leg duezdos gaauh* rauz*

母是儿马蜂个窝
鱼女是马蜂窝里的孩子

池　转 去 窝 提 撤
zez* daaus bail rauz* dazraaix,

就转回去窝真的
果真转回窝里了，

母　是儿徒　铜　个　海
Meeh siq leg duezdongz gaauh* haaix

池　转　去　海　提　撤
zez* daaus bail haaix dazraaix,

母　是儿徒　鱼　个　沟
Meeh siq leg duezbyal gaauh* mengl

池　转　去　沟　提　撤
zez* daaus bail mengl dazraaix.

皇　　壉　各　世　前
Weangz buansgol* xeeuhgoons

不　歇补　立　庭　做　家
mizqyus bux dangc beangz zos* raanz,

皇　　壉各　先　前
Weangz buansgol* xeeuhndux

不　歇补　立　庭　做　家
mizqyus bux dangc beangz zos* raanz.

块　坏　不　人　补
Gaais* waaih* miz wenz wongl*,

块　于　无　人　洗
Gaais* yiz* miz wenz sag.

母是儿彩虹个海
鱼女是海里彩虹的孩子

就转回去海真的
果真转回海里去了，

母是儿鱼个沟
鱼女是沟里鱼的孩子

就转回去沟真的
果真转回沟里去了。

皇生意从前
从前这个做生意的皇

没有人当地方在家
没有了当家的老婆，

皇生意远古
远古这个做生意的皇

没有人当地方在家
没有了当家的老婆。

衣服破无人补
衣服破了无人补，

衣服脏无人洗
衣服脏了无人洗。

𡧲 各 闹 齐 才	做生意的他闹齐才(状词)
Buans gol* naul* jiz zaiz,①	做生意的皇就闹个不停,
𡧲 各 哭 齐 足	做生意的他就齐足(状词)
Buans gol* daic jiz zul.	做生意的皇就哭个不停。
二 三 老 苑 上	两三妇人上院
Soongl saaml yah gongx* genz,	上院两三个好心的妇女,
二 三 文 苑 下	两三人下院
Soongl saaml wenz gongx* lac :	下院两三个好心的老人:
文 𡧲各 麻 闹 生 夯	人做生意的皇怎么 闹这样
Wenz buansgol* maz naul* daucraauh?	做生意的皇怎么这样闹呢?
二 绕 呈 去 望 的 菜	两咱巡去望一下
Soongl rauz xunz bail sagt* xil* laic*.	咱俩巡过去看一下吧。
拿 麻 搓 生 夯	要什么 在这些
Aul maz xos daucraauh?	他要些什么呢?
沼 麻 闹 生 夯	造什么 闹这样
Zaaux*② maz naul* daucraauh?	为什么这样闹呢?
𡧲 各 打 坛 一	做生意的皇说第一遍
Buansgol* duais* daanz* idt,	做生意的皇说第一遍,
𡧲 各 瓢 坛 㱾	做生意的皇说又一遍
Buansgol* beul* daanz* leuh* :	做生意的皇又再说一遍:

①jiz zaiz 和下句的 jiz zul 都是状词,指不停地。指闹个不停、哭个不停。

②zaaux* 原义指造,这里指引起(某件从未发生的事)、掀起(某件从未发生的事)。

块 坏 不 文 补
Gaais* waaih* miz wenz wongl*,

衣服破无人补
衣服破了无人补，

块 于 不 补 洗
Gaais* yiz* miz bux sag.

衣服脏无人洗
衣服脏了无人洗。

沼 羊 你 池 搓
Zaaux* yaangz niz zez* runh*,

造样这就吵
为这事就吵，

沼 羊 你 池 闹
Zaaux* yaangz nix zez* naul*.

造样这就闹
为这事就闹。

城 㭉 有 鱼 胎
Xul laez lix byalndaais*?

城哪有怀孕的鱼
哪城有怀孕的鱼？

城 㭉 有 鱼 雺
Xul laez lix byalwuc*?

城哪有漂游的鱼
哪城有漂游的鱼？

城 㭉 有 丫 寡
Xul laez lix yahmaais*?

城哪有寡妇
哪城有寡妇？

二 报 打 坛 一
Soongl baus duais* daanz* idt,

二老说第一次
两老第一次商量，

二 报 瓢 坛 舨
Soongl baus beul* daanz* leuh*,

二老商量又一遍
两老第二次商量，

二 人 商量
Soongl baus beul*

二老商量
两老商量了

坛 一 又 坛 一
daanz* ndeeul daaus daanz* ndeeul.

一次又一次
一次又一次。

城 堂 城 不 有 鱼 胎 Xul dangz xul mizqyus byalndaais * ,	城到城没有怀孕的鱼 哪城都没有游动的鱼,
边 堂 边 不 有 鱼 吴 Baaih dangz baaih mizqyus byalwuc * ,	边到边没有漂游的鱼 哪方都没有漂游的鱼,
城 堂 城 不 有 寡 婆 Xul dangz xul mizqyus yahmaais * .	城到城没有寡妇 哪城都没有寡妇。
二 三 报 去 上 Soongl saaml baus bail genz,	两三老者去上 两三个老者到河上游去问,[1]
二 三 文 去 下 Soongl saaml wenz bail lac.	两三人去下 两三个老者到河下游去打听。
绕 去 问 丫 沟 是 菜 Rauz bail hams Yahmingl xil * laic * ,	我们去问山沟里的妇女试一下 我们去问那个山沟里的妇女[2]一下,
对 沟 得 说 Dois Yahmingl deel nauz :	对山沟里的妇女那说 对那个山沟里的妇女说:
鸟 不 是 自 吃 Rog miz daic * gah genl,	鸟不是自吃 鸟不是一只单独觅食,
文 不 得 自 歇 Wenz miz daic * gah qyus.	人不是自住 人不是一人单独生活。
报 壋 各 苑 上 Baus buansgol * gongx * genz,	做生意的皇上院 上院做生意的皇说,

①问,指问亲、说亲。
②山沟里的妇女,传说是一名寡妇。

文　　壙　各　苑　下	做生意的皇下院
Wenz buansgol* gongx* lac :	下院做生意的皇说：
块　　坏　不　补　大	衣服破无人补
Gaais* waaih* miz bux wongl*,	衣服破了无人补，
块　　于　不　甫　洗	衣服脏无人洗
Gaais* yiz* miz bux sag.	衣服脏了无人洗。
来　　问　　你　补　管　　庄	要问你人管事
Laic* hams mengz bux guns* zuangc*	要请你去做
各　　吃	各吃
daangs genl,	管理家务的人，
问　　你　补　管　　庄　　做　　家	问你人管事在家
Hams mengz bux gunc* zuangc* zos* raanz.	要请你去做当家的人。
丫　沟　　打　　坛　　一	山沟里的妇女 说第一次
Yahmingl duais* daanz* idt,	山沟里的妇女说第一次，
丫　沟　　瓢　　坛　溜	山沟里的妇女 说第二次
Yahmingl beul* daanz* leuh*:	山沟里的妇女说第二次：
报　　我有　二　　三　　仓　饭　田	丈夫我有二三仓田谷
Baus gul lix soongl saaml eeux hauxnaz,	我丈夫有两三仓稻谷，
四　五　仓　　饭　　糖	四五仓稻谷糖
Sis hac eeux haux diangz,	我丈夫有四五仓谷子，
我　不　闹　在　　饭　做　　麻	我不要些粮食干嘛
Gul miz aul geiz* haux guehmaz?	我要很多的粮食干嘛呢？

二　　报　打　　坛　一 Soongl baus duais* daanz* idt,	两老说第一次 两老商量第一次,
二　　报　瓢　　坛　　皈 Soongl baus beul* daanz* leuh*.	两老又商量第二次 两老商量第二次。
二　　报　回　对　Y　沟　说 Soongl baus daaus dois Yahmingl nauz:	二老者转回对山沟里的妇女说 两老又再对山沟里的妇女说:
齐　　猛　你　去　前 Jiz* mengz nix bail nac,	从你这去前 你从今往后,
四　五　　月　　来　　堂 Sis hac ndianl mal dangz,	四五月老到 四五月份马上来到,
来　　吃　　讼　　饭　粑 Laic* genl mbegt*[1] hauxjiz*,	要吃扭粑粑 要吃一块粑粑,
补　犡　拿　来　等 Buxlaez aul mal xoc?	谁人拿来等 谁人拿来给你吃?
来　　吃　　块　　肉　由 Laic* genl gaais* nohyouz*,	要吃块肥肉 想吃一块肥肉,
补　犡　　拿　肉　来　　等 Buxlez* aul noh mal xac?	谁人拿肉来等 谁人拿来给你吃?
补　犡　　祭　　肉　来　　家 Buxlez* jis* noh mal raanz?	谁人寄肉 来家 谁人送肉到家给你吃?

[1]mbegt* 原义指扭,即打粑粑,要将粑粑弄成大小均匀的呈圆饼状的。这里指块。

肉 脚 背 不 堂 寡 婆　　肉脚后不到寡妇
Noh gal langl miz dangz yahmaais*,　　猪后腿的肉等不到寡妇，

块 肉 厚 不 堂 寡 婆　　块肉厚不到寡妇
Gaais noh nal miz dangz yahmaais*,　　厚块的猪肉等不到寡妇，

肉 皮 肚 养 堂 寡 婆　　肉皮肚才到寡妇
Noh nangl dungx yaangc dangz yahmaais*.　　猪肚皮的肉[①]才剩给寡妇。

你 养 闹 想 你 做 麻　　你样心急这样干嘛
Mengz yaangc ndudt* gaiz* nix guehmaz?　　你为何这么傻？

你 忙 随 我 大　　你来和我去
Mengz mal reux* gul dac*.　　你快大步随我们[②]去。

你 去 赔 我 歇　　你去陪我住
Mengz bail baanx* gul qyus*,　　你去陪伴我[③]住，

歇 二 三 月 摤　　住两三月清静
Qyus soongl saaml ndianl jiangs*,　　寡妇清静地住了两三个月，

歇 七 八 月 先　　住七八月先
Qyus xedt beedt ndianl ndux,　　住了七八个月，

歇 八 九 月 后　　住八九月后
Qyus beedt guc ndianl langl.　　住了八九个月之后。

沼 成 滕 头 妏　　造成藤缠绕妇女
Zaaux* banz gaul jiauc saaul,　　寡妇的头发乱像藤缠刺，[④]

①猪肚皮的肉，指质量差的肉。
②我们，指媒人。
③我，指做生意的皇。
④喻指寡妇已经怀孕。

沼　成　姒　头　板
Zaaux* banz saaul jiauc* waanc*.
造成缠绕木板
寡妇的下巴尖像木板尖。

肉　成　黄　养　瓋
Noh banz yanc* lumc dingl*,
肉成黄像黄瓜
肉色像黄瓜一样黄，

面　成　闪　养　撷
Nac banz qyiabt lumc qyanl*.
脸成闪像青菜
脸色变白又变青。

吃　菜　于　说　查
Genl byagt yiz* nauz zaz*,
吃菜也说粗
吃菜就说菜粗不好吃，

卖　池　盘　水　儒
Maic* zez* bunz* ramx ruh*.
喝就盘水漏
喝水像用盘子喝一样的漏。

吃　菜韭　吃　桃
Genl byagtwuc* genl daauz*,
吃韭菜吃厌倦
厌倦吃韭菜，

卖　肉　白　奠　蛋
Maic* noh riangz dinl* gais,
怕肉和鸡蛋
怕吃肥肉和鸡蛋。

肝　养　成　捅　撖
Dabt yaangc* banz namc* ngamc*,
肝样成翻动
肝子像翻动一样，

肠　养　成　澉　满
Saic yaangc* banz namc* riml*.
肠样成翻滚
肠子像翻滚一样。

要　徒　鸭　一　改　伤　沾
Aul duezbidt ndeeul gaic* singl goc*,
要鸭一解绑野鬼黏附
拿一只鸭来解绑给野鬼吃，

要　徒　鹅　于　改　伤　官
Aul duezhaans ndeeul gaic* singl gunl,
要鹅一解绑野鬼官
拿一只鹅来解绑给野鬼吃，

要 徒 狎 一 改 伤 老
Aul duezyongz ndeeul gaic* siml laaux.
要山羊一解绑 野鬼大
拿一只山羊来解绑给大野鬼吃。

世 前 胎 筒 胎
Xeeuhgoons raanz* mbox* raanz*,
从前孕就孕
从前到了年纪就怀孕，

世 先 胎 筒 胎
Xeeuhndux raanz* mbox* raanz*.
远古孕就孕
远古时到了年纪就怀孕。

儿 世 前 七 月
Leg xeeuhgoons xedt nguad,
儿从前七月
从前的胎儿孕七个月，

儿 世 前 八 月
Leg xeeuhgoons beedt ndianl.
儿从世八月
从前的胎儿孕八个月。

月 七 做 月 痛
Ndianl xedt gueh ndianl jiadt,
月七做月痛
七个月有痛感，

月 八 做 月 先
Ndianl beedt gueh ndianl ndux,
月八做月先
八个月是婴儿出生的先兆，

月 九 做 月 见
Ndianl guc gueh ndianl ranl.
月九做月见
九个月是婴儿出生的月。

着 日 得 池 得
Xos ngonz ndaix zez* ndaix,
在天得就得
胎儿到日期就会降生，

莱 日 见 池 见
Laic* ngonz ranl zez* ranl,
要天见就见
到出生的那天就会见，

着 日 得 其 落
Xos ngonz ndaix zez* duagt*.
在天得就落
到出生的那天就会出生。

莱　日 见 其　散　　　　　　　　　　要天见就散
Laic* ngonz ranl zez* saans.　　　　　到出生的那天孕期就结束。

太　阳　跰　冇　竿　　　　　　　　　太阳半如竿
Dangzngonz buangh* biex* saaux,　　　太阳升起一竹竿高，

手　凉　搼　便　壁　　　　　　　　　手刚扒板壁
Fengz zamx* bac* bians* waz,　　　　母[1]双手刚扒着板壁，

母　双 脚 落 股　　　　　　　　　　母双脚分开
Meeh soongl gal duagt* banl,　　　　母双脚分开，

孩 细　谷　落　席　　　　　　　　　婴儿立即落垫席
Legsais* gaagt* duagt* mbenx*,　　　婴儿落在垫席上，

母　收　裙 来 上　　　　　　　　　　母收裙来上
Meeh suc* winc mal genz.　　　　　　母将裙子提上来。

二　三　丫　苑　上 歆　好　　　　　两三妇女上院心好
Soongl saaml yah gongx* genz zeil* ndil,　上院两三个好心的妇女来帮忙，

想　你　得　点　火 想　绕　　　　　关心你得点火关心暖和
Gaiz* mengz ndaix diangx* fiz gaiz* raauh.　烧火给婴儿取暖。

四 五 丫　苑 下 歆　好　　　　　　四五妇女下院心好
Sis hac yah gongx* lac zeil* ndil,　　下院四五个好心的妇女来帮忙，

想　你　得　点　吃　想　绕　　　　关心你得点吃关心热
Gaiz* mengz ndaix diangx* genl gaiz* raauh.　做吃的给产妇补充营养。

---

①母，指寡妇。

要 水 烼 来 湿
Aul ramxrauc mal demz*,

拿温水来湿
伯母伯娘拿温水来洗婴儿，

要 盆 针 来 洗
Aul benz jiml mal sois.

要盆金来洗
拿金子做的盆来洗婴儿。

儿 世 前 长 忙
Leg xeeuhgoons mac hanl,

儿从前长快
从前的婴儿长得快，

孙 世 前 长 跑
Laanl xeeuhgoons mac yaad*,

孙世前长跑
从前的小孩长得快，

𦭼 世 前 长 好
Laaus* xeeuhgoons mac ndil.

青年从前长好
从前的儿童长得快。

三 晨 会 骑 马
Saaml hadt rox goih max,

三晨会骑马
三个早上会骑马，

五 晨 会 跸 船
Hac hadt rox buangh* ruez,

五晨会开船
五天会开船，

六 晨 跸 冇 捞
Rogt hadt buangh* biex* nyaauh,

六晨捕捞如同虾
六天会捕捞鱼虾，

七 晨 要 棒 毪
Xedt hadt gab bongx* bih*.

七晨抓蜻蜓
七天会追蜻蜓。

猪 十 二 出 身
Mul xibngih os ndaangl,

猪十二出身
从前的青年能扛十二头猪，

酒 三 杠 出 名
Lauc saaml gaangl* os xoh.

酒三缸出名
因能连喝三缸酒而出名。

老 的 矮 孔 湾 让一个吩咐河湾
Laauxdih* dangs gongx* gauz, 叫一个人去河湾请先生，

老 的 奈 孔 蛛 一个坐在蜘蛛湾
Laauxdih* lail* gongx* gaaul, 叫一个人去蜘蛛湾请先生，

送 老 的 来 说 名 请一个来说名
Haec laauxdih* dauc nauz xoh, 请他来帮小孩取名。

冇 养 文 母 女 如果样人母女孩
Biex* yaangc wenz meeh mbegt, 如果生的是女孩，

要 做 骨 背 婡 拿做针和线
Aul gueh ndos* langl raic*. 就叫她做针线活的仙女。

冇 养 文 补 男 如果样人儿男孩
Biex* yaangc* wenz buxsaail, 如果生的是男孩，

要 做 弟 城 皇 要做弟城皇
Aul gueh nuangx xulWeangz. 就叫他城皇。①

要 想麻 养 嘴 要做什么养嘴
Aul gezmaz jingx* bas? 怎样糊口呢？

去 挖 地 养 嘴 去挖地养嘴
Bail bah rih jingx* bas, 两兄弟②去挖地糊口，③

①城皇，即是做生意的皇的第二个儿子，与仙皇是同父异母兄弟。仙皇为大老婆（鱼女）所生（大老婆回河里去了），城皇为二老婆（寡妇）所生。

②两兄弟，指仙皇与城皇。

③挖地糊口，指种植农作物。

去 挖 田 养 父
Bail bah naz jingx* boh.

去挖田养父
两兄弟去种田养家。

挖 来 到 时 卯
Bah mal dangz xez mauc,

挖来到时卯
干活到了卯时，

挖 来 快 时 辰
Bah mal hanl xez jiz.

挖来快时辰
干活快到辰时。

挖 来 堂 时 卯
Bah mal dangz xez mauc,

挖来到时卯
干活到了卯时，

挖 来 快 时 ⿰饣解
Bah mal hanl xez ngaaiz.

挖来快时早饭
干活快到吃早饭时。

母 送 饭 来 堂
Meeh songs haux mal dangz,

母送饭来到
母亲送早饭来吃，

母 送 ⿰饣解 来 叫
Meeh songs ngaaiz dauc yeeuh.

母送早饭来喊
母亲叫两人吃早饭。

要 饭 兄 来 改
Aul haux bix dauc rih*,

拿饭哥来解开
哥哥仙皇把自己的饭盒打开，

菜 ⿰毛非 沾 菜 ⿱斩豆
Byagtzedt* reux* legmas*.

酸菜掺饭豆
母亲送的是酸菜和饭豆。

要 饭 弟 来 改
Aul haux nuangx daux rih*,

拿饭弟来解开
弟弟城皇把自己的饭盒打开，

饭 白 沾 肉 鸡
Haux haaul diaml noh gais.

饭白添肉鸡
母亲送的是白米饭和鸡肉。

排 把 掌 一 扫 贡 匼
Baiz sac* waag* ndeeul duais* gongc* hoz,

次巴掌一打喉咙
仙皇一巴掌就扇在城皇的喉咙上，

排 君 陶 一 打 脸 嘴
Baiz jinh* dauz* ndeeul duais* nacbaagt*.

次拳头一打额头
仙皇一拳打在城皇的额头上。

为 种 你 成 淤
Weil zuangc* nix banz yih*,

为种事这成不和
因菜和饭不一样才不和睦，

为 养 你 成 槎
Weil yaangz nix banz bas.

为样这成嘴
因菜和饭不一样才争吵。

讲 在 坝 留 坝
Gaangc xos dongh doc dongh,

讲在坝留坝
话讲在田坝就留在田坝，

讲 在 田 淹 田
Gaangc xos naz meus* naz,

讲在田淹没田
话讲在田里就留在田里，

听 缠 话 不 找 堂 母
Nyiel zaanz* baus* miz ral bangz meeh.

听谗言不找到母
谗言不要传给母亲听。

讲 在 坝 压 坝
Gaangc xos dongh nabt* dongh,

讲在田坝压田坝
话讲在田坝就压在田坝，

讲 在 坝 压 庭
Gaangc xos dongh nabt* raanz,

讲在田坝压家
话讲在田坝压在家中，

听 缠 话 不 随 堂 母
Aul zaanz* haus miz ringx* dangz meeh.
拿谗言不跟随到母
谗言不要传给母亲听。

挖 田 堂 时 卯
Wed* naz dangz zeiz* mauc,
挖田到时卯
兄弟俩早上卯时①去干活，

挖 地 到 时 申
Wed rih dauc zeiz* sanl.
挖地到时申
下午申时收工回家。

各 人 各 去 睡
Daangs wenz* daangs bail ninz,
各人各去睡
兄弟俩各人各去睡觉，

各 文 各 去 找 处 歇 气
Daangs wenz daangs bail ral dianh* yic* naais.
各人各去找地方休息
各人去各的地方睡觉。

皇 儿 母 先 睡 贯
Weangz leg meeh goons ninz goons,
皇儿妈前睡先
前妈生的儿子仙皇先睡，

贯 右 相 绕 狗
Dianh* qyus lumc rauz mal.
地方住像窝狗
仙皇的睡处如狗窝。

皇 儿 母 后 盖
Weangz leg meeh langl ninz langl,
皇儿妈后睡后
后妈生的儿子城皇后睡，

槛 的 红 的 鲁
Hams geiz* ndingl geiz* lux*.
盖的红的绿
城皇盖的是红的绿的被子。

母 的 做 齐 增
Meeh dih gueh jiz* zeiz*,
母他做平均
后妈做得不公平，

①卯时，指上午的5点到7点。下句的申时，指下午的15点到17点。

母 的 做 不 平
Meeh dih* gueh miz bengz*.

母他做不平
后妈做得不公平。

送 儿 仙 皇 打 坛 一
Haec leg Sianlweangz duais* daanz* idt,

叫儿仙王说第一
仙皇从开始说起,

仙 皇 瓢 坛 颰
Sianlweangz beul* daanz* leuh*.

仙皇又说一遍
仙皇又说了一遍。

三 年 晴 齐 接
Saaml bil reengx* jiz zuz,

三年干齐散(状词)
天干旱三年了,

七 年 晴 齐 炭
Xedt bil reengx* jiz meuz.

七年干齐炭(状词)
天大旱七年了。

送 你 横 有 屁
Haec mengz waangl*[①] biex* daaix,

叫你横弯臀部
叫你[②]弯下腰低头,

送 你 跪 仙 皇
Haec mengz baais Sianlweangz.

叫你跪仙皇
叫你跪仙皇。

送 你 沼 三 年 做 晚
Haec mengz zaaux* saaml bil gueh hamh,

叫你造三年做夜晚
罚你开垦田地三年,

送 你 沼 七 年 做 歹
Haec mengz zaaux* xedt bil gueh daaix.

叫你造七年做地
罚你种田地七年。

①waangl* 横,这里指将头低下,人的上半身横着,做九十度的鞠躬状。
②你,指后妈生的儿子城皇。下同。

送 你 横 冇 屁　　叫你横弯臀部
Haec mengz waangl* biex* daaix,　　叫你弯下腰低头，

送 你 跪 仙 皇　　叫你跪仙皇
Haec mengz baais Sianlweangz,　　叫你跪仙皇。

城 皇 打 坛 一　　城皇说一遍第
Xul weangz duais* daanz* idt,　　城皇从开始谈起，

城 皇 瓢 坛 皈　　城皇又讲一遍
Xul weangz beul* daanz* leuh*:　　城皇又讲了一遍：

我 有 三 仓 饭 稻　　我有三仓稻谷
Gul lix saaml eeux hauxgas,　　我有很多稻谷，

我 有 七 仓 饭 粑　　我有七仓糯谷
Gul lix xedt eeux hauxnah*.　　我有很多糯谷。

我 不 横 冇 屁　　我不横弯臀部
Gul miz waangl* biex* daaix,　　我不弯下腰低头，

我 不 跪 仙 皇　　我不跪仙皇
Gul miz baais Sianlweangz,　　我不跪仙皇。

我 有 三 百 解 做 马　　我有三百绸缎做堆
Gul lix saaml bas neul* gueh max*,　　我有三百①匹绸缎，

我 有 五 挑 油 做 多　　我有 五百挑油还多
Gul lix hac bas youz* gueh laail.　　我有五百多挑油。

①三百及下句的五百，是概数，不是实指。

我 不 横 冇 屁
Gul miz waangl* biex* daaix,

我不横弯臀部
我不弯下腰低头,

我 不 跪 仙 皇
Gul miz baais Sianlweangz.

我不跪仙皇
我不跪仙皇。

补 死 烧 恶 闸 田
Bux daail saz qyas jaangl naz,

人死烧恶中田
做坏事死在田中的鬼,

补 死 烧 浉 闸 坝
Bux daail saz nyal* jaangl dongh,

人死烧杂中田坝
烧杂草死在田坝中的鬼,

补 死 烧 在 中 壳
Bux daail saz qyas jaangl beangz,

人死烧恶中地方
行坏事被烧死的鬼,

补 死 成 伤 闸 坝
Bux daail banz singl jaangl dongh.

人死成野鬼中田坝
死了变成野鬼的鬼。

用 犢 齐 你 得
Yongh xiez jis* mengz ndaix,

用黄牛祭祀你得
用来祭祀的黄牛给你,①

猪 背 狗 你 收
Mul langl mal mengz suc*,

猪和狗你收
用来祭祀的猪和狗都给你,

鹅 背 鸭 你 要
Haans langl bidt mengz aul,

鹅和鸭你要
用来祭祀的鹅和鸭都给你,

鸡 做 伤 你 收
Gais gueh singl mengz suc*.

鸡做野鬼你收
用来解绑的鸡都给你。

①你,指野鬼。

我 不 横 冇 屁 Gul miz waangl* biex* daaix,	我不横弯臀部 我[1]不弯下腰低头,
我 不 跪 仙 皇 Gul miz baais Sianlweangz,	我不跪仙皇 我不跪仙皇。
为 想 吃 成 嘴 Weil geiz* genl banzbaagt*[2],	为的吃吵嘴 因为吃的而吵嘴,
为 想 恶 成 淤 Weil geiz* qyas banz qyil*.,	为的恶成野鬼 因做恶事而变成鬼。
我 不 横 冇 屁 Gul miz waangl* biex* daaix,	我不横弯臀部 我不弯下腰低头,
我 不 跪 仙 皇 Gul miz baais Sianlweangz.	我不跪仙皇 我不跪仙皇。
奇 你 我 祭 咗 Jiz* nix gul jis* leeux,	到这我就完 摩经念到此我就结束,
碗 你 我 祭 了 Ngonznix gul jis* leeux.	今天我就完 今天我念摩经结束。

①我,指城皇。
②banzbaagt* 指吵嘴、吵架。

MOL SONGS ZAANGH* DAAUS DIANH* /送神归位经

𧾷 耳 浘 老 的	竖耳听说话
Gaml rez nyiel laaux* dih*,	竖起耳听着，
歪 耳听 老 的	侧耳听说话
Nyangh* rez nyiel laaux* dih*.	侧起耳听着。
请 养 你主文缠 太细	请样你主人听还在
Zuangc* yaangc* mengz suc wenz nyiel dais* dais*,	请你还在祭坛的神，
再 我海 上 天	在我海上天
Dais* gul haec genz mbenl,	请你天上下凡来的神，
席 㖡未吃你怎 请 吃	酒席哪未吃你就尽管吃
Zuaih* laez fih genl mengz zez* singx* genl,	哪一桌酒席未吃过请你尽管吃，
成 㖡未拈 你 怎 请 拈	层哪未夹你就尽管夹
Zangx* laez fih nyab mengz zez* singx* nyab.	哪一层[1]菜未夹吃请你尽管吃。

①哪一层，指餐桌上的菜已经摆满了，叠成一层一层的。下同。

在 近 请 来 吃
Xos jaic sens* mal genl,

在近请来吃
请附近的神来吃，

快 面 席 池 请 来 吃
Hauc ndael zuaih* zez* sens* mal genl.

进里席就请来吃
请到酒席前来吃。

吃 头 ⿰牜黄 厚
Genl jauc zeiz* nal,

吃头黄牛厚
来吃厚[①]的黄牛头，

吃 脚 ⿰牜黄 畜
Genl gal zeiz* mangh*.

吃脚 黄牛肥
来吃肥的黄牛腿。

吃 酒 药 饭 嚼
Genl lauc nol* hauxmuc*,

吃酒药爆米花
来喝用爆米花酿的酒，[②]

吃 酒 九 月
Genl lauc guc nguad,

吃酒九月
来喝九月酿的酒，

吃 酒 老 三 年
Genl lauc jees saaml bil,

吃酒老三年
来喝三年前酿的酒，

吃 酒 好 七 月
Genl lauc ndil xedt nguad.

吃酒好七月
来喝七月酿的酒。

吃 饭 田 坝
Genl haux naz dongh,

吃饭田坝
来吃在田坝种的大米，

吃 ⿰饣旱 田 崩
Genl hauxngaaiz naz benh.

吃早饭田粪
来吃用农家肥种的稻米。

---

①厚，即大。下同。
②三年前酿的酒，指陈酒、好酒。下同。

吃　饱 我 讨　收
Genl ims gul dauc biauc*,[①]

吃饱我来收
吃饱了我[②]要收拾席,

吃　　了 池　讨　秀
Genl leeux zez* dauc seul*,[③]

吃了就来带走
吃好了就把剩余的东西带走,

秀　　堂 头 犊　厚
Seul* dangz jauc zeiz* nal,

带走到头黄牛厚
带走厚的黄牛头,

秀　　堂 脚 犊　　畲
Seul* dangz gal zeiz* mangh*,

带走到脚黄牛肥
带走肥的黄牛脚,

秀　　酒 药　饭　嚼
Seul* lauc nol* hauxmuc*,

带走酒药爆米花
带走用爆米花酿的酒,

秀　　酒 九　月
Seul* lauc guc nguad.

带走酒九月
带走九月酿的酒。

秀　　饭　田　坝
Seul* haux naz dongh,

带走饭田坝
带走在田坝种植的米饭,

秀　　　𩞄　　田 崩
Seul* hauxngaaiz naz benh.

带走早饭田粪
带走用农家肥种的稻米。

秀　纸　币　　秀　马 纸
Seul* sal xeenz,seul* max sal,

带走纸钱带走马纸
带走纸钱,带走纸马,

---

①biauc* 收拾、收捡,专指收拾餐桌上吃饭之后的东西。
②我,泛指主家。
③seul* 带走,指主事家用于祭共的东西都全部“带走”。

三 百 马 五 百 纸
Saaml bas max, hac bas sal,

三百马 五百纸
带走三百匹马，五百纸，[①]

三 百 马 五 百 钱
Saaml bas max, hac bas xeenz,

三百马 五百钱
带走三百匹马，五百钱。

秀 转 地点 你 现
Seul* bail dianh* mengz sianl*,

带走去地点你处
带去你[②]站的地方，

转 去 亮 你 站
Daaus bail liangs* mengz duh,

转回去地方你站
转回你站的地方，

转 去 其 你 都
Daaus bail jiz* mengz duh*,

转回去地点你蹲
转回你蹲的地方，

转 去 路 你 站
Daaus bail luh* mengz suangz*.

转回去站你站
转回你常站的地方。

你 在 三 方 午
Mengz xos saaml bungl* sax,

你在三方午
你在午[③]的那一方，

转 去 三 方 午
Daaus bail saaml bungl* sax.

转回去三方午
转回午的那一方。

你 在 五 日 路
Mengz xos hac ngonz ronl,

你在五天路
你在五天路程的地方，

①三百匹马，五百纸及下句的三百匹马，五百钱，均泛指，不是实指。纸、钱，均指纸钱。下同。
②你，指神。
③午方，指东方。

转 去 五 日 路
Daaus bail hac ngonz ronl.

转去五天路
转回五天路程的地方。

你 在 三 方 西
Mengz xos saaml bungl* rux,

你在三方酉
你在西[1]的那一方,

转 去 三 方 西
Daaus bail saaml bungl* rux.

转去三方酉
转回西的那一方。

你 在 九 日 路
Mengz xos guc ngonz ronl,

你在九天路
你在九天路程的那一方,

转 去 九 日 路
Daaus bail guc ngonz ronl.

转回去九天路
转回九天路程的那一方。

秀 你 净 烧 摸
Seul* mengz jiangs* saz* raus*,

带走你干干净净
干干净净地带走,

秀 去 笑 烧 炭
Seul* bail reus* saz* weuz*.

带走去焉木炭
带走无影无踪。

珥 耳 涀 老 的
Gaml rez nyangh* laaux* dih*,

竖耳听说话
竖起耳听着,

歪 耳 听 老 的
Nyangh* rez nyiel laaux* dih*.

侧耳听说话
侧起耳听着。

请 养 你 报 仙皇 世 先
Zuangc* yaangc mengz Baus Sianlweangz xeeuhndux,

请样你仙皇远古
请你远古的仙皇,

---

①西方,指西方。

补 仙 皇 世 前	仙皇从前
Bux Sianlweangz xeeuhgoons.	请你从前的仙皇。
席 𠇹 未 吃 你 请 吃	酒席哪未吃你尽管吃
Zuaih* laez fih genl mengz singx* genl,	哪一桌酒席未吃过请你尽管吃,
成 𠇹 未 拈 你 请 拈	层哪未夹你尽管夹
Zangx* laez fih nyab mengz singx* nyab.	哪一层菜未夹过请你尽管夹吃。
在 近 请 来 吃	在近请来吃
Xos jaic sens* mal genl,	请你在附近的神来吃,
快 面 席 池 请 来 吃	进里席就请来吃
Hauc ndael zuaih* zez* sens* mal genl.	请你到席面来吃。
吃 头 猪 厚	吃头猪厚
Genl jauc mul nal,	来吃厚猪头,
吃 脚 猪 奤	吃脚猪肥
Genl gal mul mangh*.	来吃肥猪腿。
吃 酒 药 饭 嚼	吃酒药爆米花
Genl lauc nol* hauxmuc*,	来喝用爆米花酿的酒,
吃 酒 九 月	吃酒九月
Genl lauc guc nguad,	来喝九月酿的酒,
吃 酒 老 三 年	吃酒老三年
Genl lauc jees saaml bil,	来喝三年前酿的酒,
吃 酒 好 七 月	吃酒好七月
Genl lauc ndil xedt nguad.	来喝七月酿的酒。

吃 饭 田 坝
Genl haux naz dongh,

吃饭田坝
来吃在田坝种的米饭，

吃 䉾 田 崩
Genl hauxngaaiz naz benh.

吃早饭田粪
来吃用农家肥种的稻米。

吃 饱 我 讨 收
Genl ims gul dauc bauc*,

吃了我来收
吃饱了我要收捡酒席，

吃 了 讨 秀
Genl leeux dauc seul*.

吃了要带走
吃好了就把剩余的东西带走。

秀 头 猪 厚
Seul* jauc mul nal,

带走头猪厚
带走厚猪头，

秀 脚 猪 畜
Seul* gal mul mangh*,

带走脚猪肥
带走肥猪腿，

秀 酒 药 饭 嚼
Seul* lauc nol* hauxmuc*,

带走酒药爆米花
带走用爆米花酿的酒，

秀 酒 九 月
Seul* lauc guc nguad,

带走酒九月
带走九月酿的酒，

秀 酒 老 三 年
Seul* lauc jees saaml bil,

带走酒老三年
带走三年前酿的酒，

秀 酒 好 七 月
Seul* lauc ndil xedt nguad.

带走酒好七月
带走七月酿的酒。

秀 饭 田 坝
Seul* haux naz dongh,

带走饭田坝
带走在田坝种的米饭，

秀 早饭田崩
Seul* hauxngaaiz naz benh.
带走早饭田粪
带走用农家肥种的稻米。

秀 纸 币 秀 马 纸
Seul* sal xeenz, seul* max sal,
带走纸钱拆马纸
带走纸钱,带走纸马,

三 百马五百纸
Saaml bas max, hac bas sal,
三百马五百纸
带走三百匹马,五百纸,

三 百马五百 钱
Saaml bas max, hac bas xeenz.
三百马五百钱
带走三百匹马,五百钱。

秀 去地点 你 现
Seul* bail dianh* mengz sianl*,
带走去地点你处
带去你站的地方,

转 去 亮 你 站
Daaus bail liangs* mengz duh,
转回去地方你站
转回你站的地方,

转 去其 你 都
Daaus bail jiz* mengz duh*,
转回去地点你蹲
转回你蹲的地方,

转 去路 你 站
Daaus bail luh* mengz suangz*.
转回去站你站
转回你常站的地方。

你 在三 方 午
Mengz xos saaml bungl* sax,
你在三方午
你在午的那一方,

转 去三 方 午
Daaus bail saaml bungl* sax.
转回去三方午
转回午的那一方。

你 在五 日 路
Mengz xos hac ngonz ronl,
你在五天路
你在五天路程的地方,

转　去五　日　路	转去五天路
Daaus bail hac ngonz ronl.	转回五天路程的地方。
你　在　三　方　酉	你在三方酉
Mengz xos saaml bungl* rux,	你在酉的那一方,
转　去　三　方　酉	转去三方酉
Daaus bail saaml bungl* rux.	转回酉的那一方。
你　在九　日　路	你在九天路
Mengz xos guc ngonz ronl,	你在九天路程的那一方,
转　去九　日　路	转回去九天路
Daaus bail guc ngonz ronl.	转回九天路程的那一方。
秀　你　净　烧　摸	带走你干干净净
Seul* mengz jiangs* saz* raus*,	干干净净地带走,
秀　去　笑　烧　炭	带走去焉木炭
Seul* bail reus* saz* weuz*.	带走无影无踪。
眲　耳涀　老　的	竖耳听说话
Gaml rez nyiel laaux* dih*,	竖起耳听着,
歪　耳听　老　的	侧耳听说话
Nyangh* rez nyiel laaux* dih*.	侧起耳听着。
请　养　你　报　皇珠　世先	请样你蜘蛛皇远古
Sens* yaangc* mengz Baus weangzgaaul xeeuhgoons,	请你远古的蜘蛛皇[1],

①蜘蛛皇,人名,布依族传说中的造物祖。

补 皇 蛛 世 前	蜘蛛皇从前
Bux weanggaaul xeeuhgoons.	请你从前的蜘蛛皇。
席 㑚 未 吃 你 请 吃	酒席哪未吃你尽管吃
Zuaih* laez fih genl mengz singx* genl,	哪桌酒席未吃请你尽管吃，
成 㑚 未 拈 你 请 拈	层哪未夹你尽管夹
Zangx* laez fih nyiab mengz singx* nyiab.	哪一层菜未夹吃请你尽管夹吃。
在 近 请 来 吃	在近请来吃
Xos jaic sens* mal genl,	请附近的神来吃，
快 面 席 池 请 来 吃	进面酒席就请来吃
Hauc nac zuaih* zez* sens* mal genl.	请来吃酒席。
吃 头 鹅 厚	吃头鹅厚
Genl jauc haans nal,	来吃厚鹅头，
脚 鹅 畜	脚鹅肥
Gal haans mangh*.	来吃肥鹅腿。
吃 酒 药 饭 嚼	吃酒药爆米花
Genl lauc nol* hauxmuc*,	来喝用爆米花酿的酒，
吃 酒 九 月	吃酒九月
Genl lauc guc nguad,	来喝九月酿的酒，
吃 酒 老 三 年	吃酒老三年
Genl lauc jees saaml bil,	来喝三年前酿的酒，
吃 酒 好 七 月	吃酒好七月
Genl lauc ndil xedt nguad.	来喝七月酿的酒。

吃 饭 田 坝
Genl haux naz dongh,

吃饭田坝
来吃在田坝种的米饭,

吃 䊪 田 崩
Genl hauxngaaiz naz benh.

吃早饭田粪
来吃用农家肥种的稻米。

吃 饱 我 讨 收
Genl ims gul dauc bauc*,

吃了我来收
吃饱了我要收拾酒席,

吃 了 池 讨 秀
Genl leeux zez* dauc seul*.

吃了就来折
吃好了就把剩余的东西带走。

秀 头 鹅 厚
Seul* jauc haans nal,

带走头鹅厚
带走厚鹅头,

脚 鹅 畜
Gal haans mangh*.

脚鹅肥
带走肥鹅腿。

秀 酒 药 饭 嚼
Seul* lauc nol* hauxmuc*,

带走酒药爆米花
带走用爆米花酿的酒,

秀 酒 九 月
Seul* lauc guc nguad,

带走酒九月
带走九月酿的酒,

秀 酒 老 三 年
Seul* lauc jees saaml bil,

带走酒老三年
带走三年前酿的酒,

秀 酒 好 七 月
Seul* lauc ndil xedt nguad.

带走酒好七月
带走七月酿的酒。

秀 饭 田 坝
Seul* haux naz dongh,

带走饭田坝
带走在田坝种的米饭,

秀　早　饭　田　崩
Seul* hauxngaaiz naz benh.
带走早饭田粪
带走用农家肥种的稻米。

秀　纸币　秀　马　纸
Seul* sal max, seul* max sal,
带走纸钱带走马纸
带走纸钱，带走纸马，

三　百　马　五　百　纸
Saaml bas max, hac bas sal,
三百马五百纸
带走三百匹马，五百纸，

三　百　马　五　百　钱
Saaml bas max, hac bas xeenz.
三百马 五百钱
带走三百匹马，五百钱。

秀　转　地点　你　现
Seul* bail dianh* mengz sianl*,
带走去地点你处
带到你站的地方，

转　去　亮　你　站
Daaus bail liangs* mengz duh,
转回去地方你站
转回你站的地方，

转　去　其　你　都
Daaus bail jiz* mengz duh*,
转回去地点你蹲
转回你蹲的地方，

转　去　路　你　站
Daaus bail luh* mengz suangz*.
转回去站你站
转回你常站的地方。

你　在　三　方　午
Mengz xos saaml bungl* sax,
你在三方午
你在午的那一方，

转　去　三　方　午
Daaus bail saaml bungl* sax.
转回去三方午
转回午的那一方。

你　在　五　日　路
Mengz xos hac ngonz ronl,
你在五天路
你在五天路程的地方，

转　去 五　日　路 Daaus bail hac ngonz ronl.	转去五天路 转回五天路程的地方。
你　在　三　方　酉 Mengz xos saaml bungl* rux,	你在三方酉 你在西的那一方,
转　去　三　方　酉 Daaus bail saaml bungl* rux.	转去三方酉 转回酉的那一方。
你　在 九　日　路 Mengz xos guc ngonz ronl,	你在九天路 你在九天路程的那一方,
转　去 九　日　路 Daaus bail guc ngonz ronl.	转回去九天路 转回九天路程的那一方。
秀　你　净　烧　摸 Seul* mengz jiangs* saz* raus*,	带走你干干净净 干干净净地带走,
秀　去 笑　烧　炭 Seul* bail reus* saz* weuz*.	带走去焉木炭 带走无影无踪。
耼　耳　涀　老　的 Gaml rez nyiel laaux* dih*,	竖耳听说话 竖起耳听着
歪　耳 听　老　的 Nyangh* rez nyiel laaux* dih*.	侧耳听说话 侧起耳听着
请　养　你　报 琅 夺 Zuangc* yaangc mengz Baus legdoz*,	请样你报琅夺 请你报琅夺①,

①报琅夺及下句的报琅兑,是布依族传说中的造物祖。

请 养 你 报 琅 兑 请样你报琅兑
Zuangc* yaangc mengz Baus legdoih*. 请你报琅兑。

请 养 你 补 面 有 个 筛 请你人脸如个筛
Sens* yaangc* mengz bux nac biex* ndanl rangl, 请你脸宽如筛的神，

鼻 有 个 炉 鼻如个风箱
Ndangl biex* ndanl baaih. 请你鼻出气如风箱大的神。

脸 有 个 筛 面如个筛
Nac biex* ndanl rangl, 脸如筛子大，

鼻 有 个 炉 鼻如个风箱
Ndangl biex* ndanl baaih. 鼻孔如风箱大。

请 养 你 补 骑 马 犯 天 请样你人骑马顶天
Zuangc* yaangc mengz bux goih max wax* mbenl, 请你骑马顶着天的神，

补 脚 毛 犯 巴泥 人脚毛粘泥
Bux gal benl wax* naamh. 请你赤脚踏着地的神。

席 犳 未 吃 你 请 吃 酒席哪未吃你尽管吃
Zuaih* laez fih genl mengz singx* genl, 哪桌酒席未吃请你尽管吃，

成 犳 未 拈 你 请 拈 层哪来夹你尽管夹
Zangx* laez fih nyab mengz singx* nyab. 哪一层菜未夹吃请尽管夹吃。

在 近 池 请 来 吃 在近就请来吃
Xos jaic zez* sens* mal genl, 请附近的神来吃，

快 面 席 池 请 来 吃 进里席就请来吃
Hauc ndael zuaih* zez* singx* mal genl. 请来吃酒席。

来　吃头 鸡 厚
Mal genl jauc gais nal,

来吃头鸡厚
来吃厚鸡头，

脚 鸡　畜
Gal gais mangh*.

脚鸡肥
来吃肥鸡腿。

来 吃 酒 药 饭 嚼
Mal genl lauc nol* hauxmuc*,

来吃酒药爆米花
来喝用爆米花酿的酒，

来 吃 酒 九 月
Mal genl lauc guc nguad,

来吃酒九月
来喝九月酿的酒，

来　吃 酒 老 三　年
Mal genl lauc jees saaml bil,

来吃酒老三年
来喝三年前酿的酒，

吃　酒 好 七　月
Genl lauc ndil xedt nguad.

吃酒好七月
来喝七月酿的酒。

来　吃 饭 田 坝
Mal genl haux naz dongh,

来吃饭田坝
来吃在田坝种的米饭，

吃　　⿰饭旱　　田 崩
Genl hauxngaaiz naz benh.

吃早饭田粪
来吃用农家肥种的稻米。

吃　饱 我 讨 收
Genl ims gul dauc bauc*,

吃饱我 来收
吃饱了我来收拾酒席，

吃　了 我 讨 秀
Genl leeux gul dauc seul*.

吃了我来带走
吃好了就把剩余的东西带走。

秀　头 鸡 厚
Seul* jauc gais nal,

带走头鸡厚
带走厚鸡头

脚 鸡 畜
Gal gais mangh*.

脚鸡肥
带走肥鸡腿。

秀 酒 药 饭 嚼
Seul* lauc nol* hauxmuc*,

带走酒药爆米花
带走用爆米花酿的酒，

秀 酒 九 月
Seul* lauc guc nguad,

带走酒九月
带走九月酿的酒，

秀 酒 老 三 年
Seul* lauc jees saaml bil,

带走酒老三年
带走三年前酿的酒，

秀 酒 好 七 月
Seul* lauc ndil xedt nguad.

带走酒好七月
带走七月酿的酒。

秀 饭 田 坝
Seul* haux naz dongh,

带走饭田坝
带走在田坝种的米饭，

秀 䊮 田 崩
Seul* hauxngaaiz naz benh.

带走早饭田粪
带走用农家肥种的稻米。

秀 纸 币 秀 马 纸
Seul* sal max, seul* max sal,

带走纸钱带走马纸
带走纸钱，带走纸马，

三 百 马 五 百 纸
Saaml bas max, hac bas sal,

三百马五百纸
带走三百匹马，五百纸，

三 百 马 五 百 钱
Saaml bas max, hac bas xeenz.

三百马 五百钱
带走三百匹马，五百钱。

秀 转 地点 你 现
Seul* bail dianh* mengz sianl*,

带走去地点你处
带去你站的地方，

转　去　亮　你　站
Daaus bail liangs* mengz duh,

转回去地方你站
转回你站的地方，

转　去　其　你　都
Daaus bail jiz* mengz duh*,

转回去地点你蹲
转回你蹲的地方，

转　去　路　你　站
Daaus bail luh* mengz suangz*.

转回去站你站
转回你常站的地方。

你　在　三　方　午
Mengz xos saaml bungl* sax,

你在三方午
你在午的那一方，

转　去　三　方　午
Daaus bail saaml bungl* sax.

转回去三方午
转回午的那一方。

你　在　五　日　路
Mengz xos hac ngonz ronl,

你在五天路
你在五天路程的地方，

转　去　五　日　路
Daaus bail hac ngonz ronl.

转去五天路
转回五天路程的地方。

你　在　三　方　酉
Mengz xos saaml bungl* rux,

你在三方酉
你在酉的那一方，

转　去　三　方　酉
Daaus bail saaml bungl* rux.

转去三方酉
转回酉的那一方。

你　在　九　日　路
Mengz xos guc ngonz ronl,

你在九天路
你在九天路程的那一方，

转　去　九　日　路
Daaus bail guc ngonz ronl.

转回去九天路
转回九天路程的那一方。

秀　你　净　烧　摸
Seul* mengz jiangs* saz* raus*,
带去你干干净净
干干净净地带走，

秀　去　笑　烧　炭
Seul* bail reus* saz* weuz*.
带走去焉木炭
带走无影无踪。

䎺　耳　涀　老　的
Gaml rez nyangh* laaux* dih*,
竖耳听说话
竖起耳听着，

歪　耳　听　老　的
Nyangh* rez nyiel laaux* dih*.
侧耳听说话
侧起耳听着。

请　养　你　补　骑　马　守　槽
Zuangc* yaangc mangz bux goih max daez zaauz*,
请样你人骑马守槽
请你骑马守槽的神，

补　拿　好　守　㾺
Bux aul ndil daez mbuans*.
人要好守床铺
请你为好人守床铺的神。

请　养　你　补　吃　肉　鸭　肥
Zuangc* yaangc mengz bux genl noh bidt biz,
请样你人吃肉鸭肥
请你专吃肥鸭肉的神，

杀　文　好　不　偿
Gac wenz ndil miz bengh*.
杀人好不赔偿
请你杀好人不赔偿的神。

请　养　你　补　吃　肉　鸭　坠
Zuangc* yaangc mengz bux genl noh bidt zaml*,
请样你人吃肉鸭稳
请你爱吃肥鸭肉的神，

杀　文　魂　不　偿
Gac wenz wanl miz bengh*.
杀人魂不赔偿
请你夺人魂不偿还的神。

席　㽕　未　吃　来　吃　你　请　吃
Zuaih* laez fih genl dauc genl mengz singx* genl,
酒席哪未吃来吃你尽管吃
哪桌酒席未吃请你尽管吃，

成 犻末 拈 你 请 拈
Zangx* laez fih nyab mengz singx* nyab.

层哪未夹你尽管夹
哪一层菜未夹吃请你尽管夹吃。

在 近 请 来 吃
Xos jaic sens* mal genl,

在近请来吃
请在附近的神来吃，

快 面 席 池 请 来 吃
Hauc ndael zuaih* zez* sens* mal genl.

进里席就请来吃
请到酒席前来尽管吃。

来 吃 头 鸭 厚
Mal genl jauc bidt nal,

来吃头鸭厚
来吃厚鸭头，

脚 鸭 畜
Gal bidt mangh*.

脚鸭肥
来吃肥鸭腿。

来 吃 酒 药 饭 嚼
Mal genl lauc nol* hauxmuc*,

来吃酒药爆米花
来喝用爆米花酿的酒，

来 吃 酒 九 月
Mal genl lauc guc nguad,

来吃酒九月
来喝九月酿的酒，

来 吃 酒 老 三 年
Mal genl lauc jees saaml bil,

来吃酒老三年
来喝三年前酿的酒，

来 吃 酒 好 七 月
Mal genl lauc ndil xedt nguad.

来吃酒好七月
来喝七月酿的酒。

来 吃 饭 田 坝
Mal genl haux naz dongh,

来吃饭田坝
来吃在田坝种的米饭，

来 吃 [illegible] 田 崩
Mal genl hauxngaaiz naz benh.

来吃早饭田粪
来吃用农家肥种的稻米。

吃　饱 我 池　讨　收 Genl ims gul zez* dauc bauc*,	吃饱我就来收 吃饱了我要收拾酒席，
吃　　了　我　池　　讨　　秀 Genl leeux gul zez* dauc seul*.	吃了我就来带走 吃好了就把剩余的东西带走。
秀　　头　鸭　厚 Seul* jauc bidt nal,	带走头鸭厚 带走厚鸭头，
脚　鸭　　畜 Gal bidt mangh*.	脚鸭肥 带走肥鸭腿。
秀　　酒 药　饭　嚼 Seul* lauc nol* hauxmuc*,	带走酒药爆米花 带走用爆米花酿的酒，
秀　　酒 九　月 Seul* lauc guc nguad,	带走酒九月 带走九月酿的酒，
秀　　酒 老　三　年 Seul* lauc jees saaml bil,	带走酒老三年 带走三年前酿的酒，
秀　　酒　好 七　月 Seul* lauc ndil xedt nguad.	带走酒好七月 带走七月酿的酒。
秀　　饭　田　坝 Seul* haux naz dongh,	带走饭田坝 带走在田坝种的米饭，
秀　　　　䉶　　田　崩 Seul* hauxngaaiz naz benh.	带走早饭田粪 带走用农家肥种的稻米。
秀　　纸 币　秀　　马　纸 Seul* sal max, seul* max sal,	带走纸钱带走马纸 带走纸钱，带走纸马，

三 百 马 五 百 纸
Saaml bas max, hac bas sal,

三百马五百纸
带走三百匹马，五百纸，

三 百 马 五 百 钱
Saaml bas max, hac bas xeenz.

三百马 五百钱
带走三百匹马，五百钱。

秀 转 地 点 你 现
Seul* bail dianh* mengz sianl*,

带走去地点你处
带去你站的地方，

转 去 亮 你 站
Daaus bail liangs* mengz duh,

转回去地方你站
转回你站的地方，

转 去 其 你 都
Daaus bail jiz* mengz duh*,

转回去地点你蹲
转回你蹲的地方，

转 去 路 你 站
Daaus bail luh* mengz suangz*.

转回去站你站
转回你常站的地方。

你 在 三 方 午
Mengz xos saaml bungl* sax,

你在三方午
你在午的那一方，

转 去 三 方 午
Daaus bail saaml bungl* sax.

转回去三方午
转回午的那一方。

你 在 五 日 路
Mengz xos hac ngonz ronl,

你在五天路
你在五天路程的地方，

转 去 五 日 路
Daaus bail hac ngonz ronl.

转去五天路
转回五天路程的地方。

你 在 三 方 酉
Mengz xos saaml bungl* rux,

你在三方酉
你在酉的那一方，

转　去 三　方　酉 Daaus bail saaml bungl* rux.	转去三方酉 你转回酉的那一方。
你　在 九　日　路 Mengz xos guc ngonz ronl,	你在九天路 你在九天路程的那一方，
转　去 九　日　路 Daaus bail guc ngonz ronl.	转回去九天路 转回九天路程的那一方。
秀　你　净　烧　摸 Seul* mengz jiangs* saz* raus*,	带走你干干净净 干干净净地带走，
秀　去 笑　烧　炭 Seul* bail reus* saz* weuz*.	带走去焉木炭 带走无影无踪。
奇 你 我 祭　咗 Jiz* nix gul jis* leeux,	到这我就完 摩经念到此我就结束，
碗　你 我 祭　了 Ngonznix gul jis* leeux.	今天我就完 今天我念摩经结束。

帽悮

墨去邊廟齓激去邊廟白補漢寫在那相棺舍在
那寫做頭兮捶池成頭兮捶寫做眼兮鵲池成眼
兮鵲兩儚耳寫成兩徒撒池成兩徒撒兩腋嘴寫成
兩徒齓池成兩徒齓兩儚耳寫成兩徒怎池成兩
徒怎兩儚激寫成兩徒蛇池成兩徒蛇寫你成桐成
堆的吴邑你着桐着的孽拿你放在個節一隨拿你
放在個卅一撥見他哭他找扒他哭他呌匕繞生吃郎戎
你生吃多卅飯米売你卅你歪兩歪卅飯各売你
卅你撩兩撩酒飯糯香乜酒飯地香降你吃小葯

布依族摩经典籍 帽吴经

墾你前你哇小药肚你前時繞有家繞鬼悪在间内
家你成滿去了時繞有家繞鬼傷在间怎家你成
滿去了時繞生時挪〻繞生挪時迯三人脚断迯七
人脚段補迯前後戯人迯听夯枱在頭齔孪掃
在饢齔孪好怕臉我不紅要臉你做紅好怕啼我不
嚆要啼你做嚆啼我罕而你生接我大踍而你撞腰
帮氣打鬼悪过壳打鬼傷过坝帮氣打鬼悪过田
打猜碗出外帮氣打鬼悪过壳殺鬼傷过坝帮氣打
鬼悪过田殺蒸碗过坝奇你我祭囀碗你我祭了
字吴

世前未沼淅世前未沼仙皇酒秧在塘皇栽秧在河沼
蚊舍吃巅去了沼蚊花吃根去了細雨生齊財揄蚊
舍來煮細雨生齊足扯蚊除來淹蚊舍霧離輪蚊
除干離筆定要戍父馬你不殺我皇皇三印四印
我有印一老皇三保四保我有保一塊皇二塊四塊
我有塊一好印麻老你說保麻壊你說塊麻好你說
我不印麻老於皇我不保麻壊於皇我不塊麻好
於皇嘴我吃於籟昆我會寫字寫做盤背戳池成
盤背戳寫做槊背壢池成槊背壢寫做猛背級池
成猛背級皇要三尺緣垫下皇要五尺緣垫上嘴

我吃於籟提撤昆我會寫字提撤寫做盤背戳池成
盤背戳提撤寫做槃背壚池成槃背壚提撤寫做猛
背級池成猛背級提撤天背地肚盖的於寫在峕豈
背撤盖熱的於寫在峕報背熄漢睲的於寫在此不
見罷說曉不曉罷說儌甪字在鬼覞歪字在鬼望
前十九皇傷先十二皇傷々一死灘悪甪田傷一死灘
坤甪坝傷一死灘悪甪壳傷一死成傷甪坝傷一死
灘悪下溝傷一死雖徉甪坝傷一死硐阑傷一死溝水
别桐說傷那繞桐顉傷那不罷說曉不曉罷說儌甪
字在鬼覞歪字在鬼望前十九皇傷先十二皇傷々

一死雷打傷一死班壳傷一死水大傷一死火燒傷一死
虎抓傷一死狗咬傷一死落水傷一死翻舡傷一死落
水筒墜傷一死牛打傷一死馬踢傷一死在城傷一死
在牢傷一死虎拿傷一死蛇咬別桐說傷那繞桐顉
傷那不見罷說曉不曉罷說儌甪字在鬼覞歪字
在鬼望前十九皇傷先十二皇傷々一死要刀肚殺
傷一死要摽肚奪傷一死要鶯肚射別桐說傷那繞
桐顉傷那不見罷說曉不曉罷說儌甪字在鬼覞歪
字在鬼望前十九皇傷先十二皇傷々一死落岩傷一死
吊樹傷一死半路傷一死半樂傷一死肚提下漲傷一死

肚枉下掷傷〻一死肚提養撥傷〻一死肚惹下掷别桐說傷
那繞桐頋傷那不見曉說罷不曉罷說儆冇字在鬼
覌歪字在鬼望前十九皇傷先十二皇傷匕〻一死要羈帶
掛肩傷〻一死要橐掛喉傷〻一死徒蛇七橐傷〻一死在城
在牢傷〻一死鼨哈做盛傷〻一死虎拿做髓傷〻一死頭反
傷〻一死反財别桐說傷那繞桐頋傷那不見罷說不上下曉
曉罢說儆冇字在鬼覌歪字在鬼望奇你我奈嘵䃣你我奈了

五棒鼓

撑跳養撑跳撑跳外魋各撑跳外城皇别有錢大别去
買外撑跳錢小去買犢買犢老攏炉買犢大攏鮨拿

去拴下漲拿去拴棬猪撑跳甪齊才撑跳甪齊泥犢别
不來自死犢撑跳的來自死犢别不死垉犢撑跳的來
死垉撑跳甪齊才撑跳哭齊泥前未字背缔去向報老
駝前未衡背壇去向麽老笠報老駝浪說麽老笠浪講
你忙去寡揌皮的尖扯揌肉的去賣塲賣哽剩揌边
〻一攢要做麻揌你要做麻你夥報老駝浪說麽老笠
浪講日而好拿去蒙皷新日而蠟拿去隋皷大隋成
個第〻一做提戥提獨去上成皷雷去了隋成個弟二
做提戥提獨去下成皷鼦去了隋成個屁三做提戥
提獨去高成皷買去了隋成個屁四做提戥提獨去

已成鼓風去了隋成個屁五做提戥提獨有哯倫累
鼓有文屁累鼓提捧鼓屁一料去邊東方二三坡邊
那怎落七八坡邊那怎倒死見屁補激壊見前甫激
而於死想淤提捧鼓屁二料去邊南方死見大王印
補淤死見乘師蔚至印補淤而於死想淤提捧鼓屁
三料去邊西方死補胡須灘墳死補龜灘連死補駝王
不而於死想淤提捧鼓屁四料去邊北方死補要柴
生死補撿柴潘死補笑臉蠟
而於死想淤提捧鼓屁五料去邊中央送淤死桐咎送
淤死桐哈死了種了毦死了塊了靬而於死想淤匕

拿面你堂我禱屁我轄奇你我祭嗕碗你我祭了
五捧羅
哯補日世先孫補呆世前坐儜八不哂覌儜偏不
眠方那有跌趺邊那有跌銅方堂方不有跌趺
邊堂邊不有跌銅要在快滿快扫在秤滿秤
鑄在舡浪外鑄在邊乜野毛風吹去吹來水銅化
於啞風吹去吹來水道於離水銅化去下肉銅長
來上鑄成個屁一補官得做個印去了鑄成個屁
二百姓得做個銅去了剩冇咋要料料冇咋要剩報
老駝養說模老笠養講要做楓口嚏地成楓口嚏

要做鑼忑專池成鑼忑專提棒鑼屁一掛去邊東方
二三坡邊那怎落七八坡邊那怎倒死見屁補淤壞
見前補淤而於死想淤提棒鑼屁二掛去邊南方死
見大主卯補淤死見稱師厨主卯補淤而於死想淤
提棒鑼屁三掛去邊西方死補纈灘壙、死補蕉灘婆
死補駝主不而於死想淤提棒鑼屁四掛去邊北方
死補要柴生死補擡柴潘死補笑而箸而於死想
淤提棒鑼屁五掛去邊中央送淤死桐會送淤死桐
哈死了種了毦死了塊了鞐而於死想淤匕拿面你
堂我討屁我轄奇你我祭囀磈你我祭了

請五方

奉請（東南西北中央）方（東南西北中央）方補頭壳（東南西北中央）方補馬粮見家你去隨見
家你有小外家你去隨外家你桐不送馬官去呼
馬官走脚氣帋去了送文官去呼文官走脚淤去了
要想蘇去句你生嵩想骨去隨你生壹鵝龍去隨
你生圖見諾去隨你生環見魄去隨你生
請生坐下樓請生青下傘請生要錢柯請生納錢送
唸五方之後 奇你我祭囀磈你我祭了

請神

頭耳涀老的歪耳吁老的請你主文擁太乜細我

海上天請你來坐下樓請你來青下傘請你來要

錢柯請你來納錢送請你來要公犢粽請生要妓犢

好請生要公犢老請生要毋犢大請你來坐下樓請

你來青下傘排你請你了我萊隨補新我萊作甫

後請你文戇各世先補戇各世前請你來要錢柯請

你來納錢送請你報仙皇世先補仙皇世前請你報

皇蛛世先補皇蛛世前請你二兄弟上戎上戎放個

林上戎跕個𠈌請你補騎馬守槽補拿妓守㕑請

你補騎馬汜天補脚毛汜泥請你補吃肉鴨肥殺文好

不償請你補吃肉鴨墜殺文魂不償請你補琅奮請

你補琅兄請你補臉有個飾臭有個妒臉有個飾

臭有個兄請生要錢柯請生納錢送請生要徒猪

粽妓猪好請生要徒狗粽妝狗好請生要徒鵝粽妝鵝

好請生要徒鴨粽妓鴨大請生要徒鴉粽妓鷄好納

生要說生償奇你我奈嚀磯你我祭丁

保譜

頭耳涀老的歪耳吁老的二徒鷄相打角蔄二徒𦍩相

打角撨三四兒弟帮氣繞算生做莫

撞徒大池殺徒大逢徒小池殺徒小你不要做怪你不
籟做𣃚補而将其生做肉補而作其生做廚肉不祥下
未肉不揄骨香(尾)肉不祥下未肉不揄怔包補來做見
膓做麻一麻撒補來砍屁穿你不要怪你不策做𣃚
補來彔硐意補來頭硐樓補來彔硐意補來頭硐向
補漆鴨漆鵝幾來補漆猪漆狗幾生你不要做怪你
不策做𣃚奇你我祭嚩磈你我祭了
在神厰将摽子寫個河字隔住去路回屋來掃宅舍
跰耳涀老的歪耳呀老的你在邊那戎林我在這邊戎
河日你坐下摟日你青下傘我去邊那你不得你來邊

這我不得奇你我祭嚩磈你我祭了
撜鵭 先交主人家唸一遍後師人自唸一遍
跰耳涀於鸡歪耳呀於鸡不釘麻於鸡不發塊於鸡
不想肉你厚於鸡不想脚你畜於鸡不想肉你躧髀於
鸡不想脚你躧酒於鸡羊堂徒人你羊王不人你主𦢊
挪人你楞膝着(多)人你下去万桐差下去邊桐着方桐
差邊桐将去阛瀲膝厚去阛瀲眼深倒燒悪闹田倒
燒泙闹塓鬼悪怎來隨鬼傷怎來都晚不得吃夜
不得歇日那将我來捕擁我來入頭要你來賴邑於鸡
我你來賴骨於鸡王家文屁九補屁十朝扛𪊨去蹢夜

扛坤來家擺孆作其作舔台貢其貢吃塩不吃鹹那
個要價不要重那個的不做戥重戥輕不做戥琅
㮰吃他父家你講着見家你講好根作巔其作文
好見其好針買齒你去炉鳰鋃買牙你去於鳰敝袂
胞你去於鳰鱓在肚你去於鳰帋裏脚你去於鳰繙
裏袂你去於鳰我說你見䶩於鳰我燈你見望氣於鳰
菜說菜王家不香菜王家於香立你菜說話王家
不着話王家於着立你走路不吃汴那个騎馬不溛錢
那個的不砍輪頭㙋那個的不托裙腰艿那個的不
托䄂腰愢那個養犢不火巔那個嚐牛不火寸那個冇

的嚐犢來火巔嚐牛來火寸等請老董羣等僦老
董呼改琅請我皇海生抓持淼寮生呼冇的嚐犢來
火巔養牛來火寸等請老董羣等僦老董呼改琅
請我皇海生濕持淼皇生呼羊堂徒你鳰羊王不你鳰
我布你威我配你去尉買齒你去於鳰鋃買牙你得
於鳰敝袂胞你得於鳰鱓在肚你得於鳰帋裏脚你得
於鳰繙裏袂你得於鳰頭耳覗於鳰歪耳呀於鳰吽
你去家車你怎去家車拍你去家淼你怎去家淼即
埧去於猛即羌去於鬧即火僦三脚走火田七塊櫝㨪
寨补淼走硐軿的六時你堂其來家淼於鳰時你堂口闹

家𣴓於鸡的做二柯枷在那枷的枷𡨧地的做二柯地在那
地的地𡨧菜罥的送你罗日你車不罢於鸡双趄拿
冇電你去放鸡大趄拿䊵瞒你去於鸡盅蹬脚盅快你
去於鸡盅底頭盅下你去於鸡時你堂其狮家𣴓於鸡時
你堂南埧家𣴓於鸡的做想烧毛在那的做毛烧毻在那
想的是足牛死想的是足牛塊渭的送你罢日你車不
罗於鸡双趄拿冇電你去於鸡大趄拿䊵瞒你去於鸡
盅蹬脚盅快你去於鸡盅底頭盅下你去於鸡時你堂其
狮家𣴓於鸡時你堂門阑家𣴓於鸡公狗老𣴓咬公鸡舅
𣴓吽想烧骨吊冇想的是足牛公菜𡄹𪍿查老渭的送

你罗日你車不罗於鸡双趄拿冇電你去於鸡大趄拿
䊵瞒你去於鸡盅蹬脚盅快你去於鸡盅底頭盅下你
去於鸡時你堂其狮家𣴓於鸡時你堂門大家𣴓於鸡
想烧骨吊冇想的是足牛乾肉漆𪍿查老渭的送你
罢日你車不罢於鸡冇𣴓阑門大你怎逢冇𡨧𣴓怎
阑冇𡨧你怎翻頭巳太硐喂鎣徙馬的去太硐落
草徙牛的去匕做血在水洗脚去做血在盆洗臉送
𣴓話不得吽𣴓講不成口你做把舉於鸡拿去學兩
眼補𣴓於鸡脚你做釘扑於鸡拿去揪兩眼補𣴓鸡
鵬你做棗鉄拿去拴補𣴓堂蒼捌補𣴓堂家𣴓怎

睚立仰你去學臉嗜帶怕於鸡淼怎睚立卜你去學
喉嘗種做厨於鸡你去死見屁教書家淼於鸡去
死補坐日打算家淼於鸡去死補覌獨教書家淼於
鸡去死補坐夜打算家淼於鸡養明日呌死对日耳
呌死覌耳覌於鸡歪耳听於鸡我説你不鹹於鸡我
㯼你不望氣於鸡你去浪的講堂其祭堂天講堂其
祭堂亮奇你我祭噂碗你我祭了
餜灶　右脚登在大門坎上
吾身吾身不是非凡身八大金剛引我路四大
菩薩護我身斬妖魔斬地魔斬妖怪斬邪鬼架

上五雷霹靂身
世前未沼庭背房晚着枧池睡着枧黑着保池睡着
保黑獅池睡那沼要我做枉沼要摟做枷要簱作
來安要簱馬來於細雨生齊財總扞頭補男細雨生
齊睞濕蹑鞋見女見女怎若見男怎若夯漢上去㠀
馬見皇去隨㠀漢下去㠀牛見皇去隨㠀孔街去㠀
外見皇去隨㠀曉見樹下發補漢七桼曉見樹下家
補漢七宗幾柯枷幾説幾柯桂幾數幾柯枷幾列幾
柯別幾數要在爽罢落要在梲罢墜寄在叩見嗒在
心見輔覌去背補漢做庚養得媒見去背補苗做庚

養得硃晃去背硃蓬做庾養得炉道在舡背外道在
邉死塁風吹去吹來水鉄化於搊風吹去吹來水鉄
道於𮤲水鉄化去下肉鉄長來上要做個晃壤池成
個晃壤要做黨打鉄池成黨打鉄要做斧口寬池
成斧口寬要做旂口標池成旂口標斧口寬嚌吻旂口
標嗬炭斧口寬嚌冉旂口鬆嗬炭去呈樹林麥去砍樹
林大幾林大幾砍幾林寬幾呈幾林大幾太幾林細
幾呈幾林艾幾我幾下八幾呈樹葉在林上樹極在
林買别坨路去掉皇坨路去别坨落去頭皇坨落去
頭三斧推去面砍的五斧推去背砍的樹响拋响槩樹

㥯討去𨻶樹响槩响拋樹㥯道去岩補比尺比譔補休
根留巔補才巔留枝節[illegible]則纏要節[illegible]鴻饒留樹
得樹在此不補拿堂家𢡄繞樹得樹在此不補發到
家𢡄繞𤥭脚補氣太產力補力摩太邉地太陽去有
㙵地禽泥怕稱𩟔茶熄排稱𩟔茶熄拘大好隋房又
皇好隋房昆鞍好隋出文皇好隋出太陽出捧樹
隋成房捧擻太陽出捧烹隋成房捧烹沼要扛
來吊沼排𢤱來在好羅傷來𦫼挂扗家你将羅
傷來擠挂於家你好罢傷來𦫼妆臉白家你好罢
傷來𦫼𭷰臉邁家你好罢傷來𦫼妆臉於家你好罢

傷來𧖅𡥈𦚢邁家佲佲來風𩙪我來要墜佲來風季
我來我墜不是我隨墜壹鵝龍隨墜圖見諾隨墜
環見𪀚隨墜徒狗𤘁隨墜枚狗好隨墜徒鳩𤘁隨墜
枚鳩好隨墜三十傷坦下傷池轄坦下五十傷坦
上傷池轄坦上傷秂雲柴捐轄去雲柴捐傷秂
挽柴青轄去挽柴青傷秂教水埋轄去教水埋
傷秂梘雲青轄去梘雲青傷秂教雲漯轄去教
雲漯我萊敌寄我生𠊱我萊敌寄宅生寄〻柴
捐其佲寄宅寄其佲寄其佲做嫩捐其佲做窩傷
傷不攤來老傷不轄來後佲忙下於𣗳查傷佲忙

班於堆查傷冇佲不下於𣗳冇佲不班於堆我有里一
新我有名一添根根鉄家佲兮下㮚家佲过其𤜵去
了隨我打鬼悪隨我殺鬼傷打鬼悪过壳殺鬼
傷过坦打鬼悪过田㲊淡寮出外打鬼悪过壳
打鬼傷过坦打鬼悪过田㲊淡寮过坦我有三百
馬隨我〻有三百萬官馬隨我〻有五百萬官脚
隨我産力等補中搭力好補中有傷秂下巴鴛晉
盃疊去冇傷秂下㮚鴛晉扯晉过冇傷秂個攎
要個攎來道冇傷秂個壇要個壇來折冇傷秂
巔鮮賣我得養敌佲來風𩙪我來要墜佲來風季

我来我墜不是我隨墜徒狗粽隨墜妆狗好隨墜徒
鸡粽隨墜妆鸡好隨墜壹鹅龍隨墜圓見諸隨墜
環圓𩙪隨墜三十傷垻下傷池韓垻下五十傷垻上
傷池韓垻上傷在雲柴捐韓去雲柴捐傷在挽柴
青韓去挽柴青傷在教水埋韓去教水埋傷在挽雲
青韓去挽雲青傷在教雲漂韓去教雲漂我萊放
寄我生愿我萊放寄宅生寄匕柴捐其你寄宅寄
其你寄其你做捐懒其你做窝傷不攤来老傷不
韓来後你怍下於捔查傷你怍班於雍查傷有你
不下於捔有你不班於雍我有皇、一新我有名、一添参

报族家你槽兄弟家你槽文見家你过其聏去了隨
我打鬼哂隨我殺鬼傷打鬼悪过壳殺鬼傷过垻
打鬼悪过田殺淤察出外打鬼悪过[illegible]壳打鬼傷
过垻打鬼悪过田殺淤察出外你来風饒我来要墜
你来風季我来我墜不是我隨墜風狗粽隨墜妆狗
好隨墜風鸡粽隨墜妆鸡好隨墜壹鹅龍隨墜圓見
諸隨墜環見𩙪隨墜三十傷垻下傷池韓垻下五十
傷垻上傷池韓垻上傷在雲柴捐韓去雲柴捐傷
在挽柴青韓去挽柴青傷在教水埋韓去教水埋
傷在挽雲青韓去挽雲青傷在教雲漂韓去教雲漂

我莱放我寄生𡲤我莱放寄乇生寄〻蔓乇其伱寄
乇寄其伱寄其伱做嫩捐其伱做𡨧傷不擁来老傷
不轄来後伱忙下於𢫫查傷伱忙班於雍茶傷冇不下
𣄃𢫫冇伱不班於雍我有皇〻一新我有名〻一漆前十九
徒買先十二徒買过其腁去了隨我打鬼悪隨我殺
鬼傷打鬼悪過壳打鬼傷過垻打鬼悪過田殺淤察
出外打鬼悪过壳殺鬼傷出外打鬼悪过田殺淤察
出外我抓来風饒我来要隆伱来風㚢我来我隆不是
我自隆風狗粽隨隆狫狗大隨隆風鴉粽隨隆妓鴉犽
隨隆𡊨𪃿𪏹隨隆圖峴諾隨隆環峴𧾷隨隆三十

傷垻下傷池轄垻下五十傷垻上傷池轄垻上傷茯雲
柴捐轄去雲柴捐傷茯挽柴青轄去挽柴青傷茯教
水埋轄去教水埋傷茯捖雲青轄去捖雲青傷茯教
雲濕轄去教雲𩄙我莱放寄我生𡲤我莱放寄乇生
寄〻蔓乇其伱寄乇寄其伱寄其伱做嫩捐其伱做
𡨧傷不擁来老傷不轄来後伱忙下於𢫫茶傷伱忙
班於雍茶傷冇伱不下於𢫫冇伱不班於雍我有皇
一新我有名〻一漆前十九其澇先十六其淤〻太垻吃臭
淤太田吃飯別桐說淤那饒桐領淤那前十九其澇先
十六其淤〻灘外做薄淤灘外荷做包䘗別桐說淤那饒

挏頉汾那伱來風饒我來要墜伱來風季我來我墜不
是我自墜風狗粽隨墜妆狗好隨墜風鳮粽隨墜妆鳮
好隨墜壹鵝龍隨墜圈見諾隨墜環見𩙪隨墜三十
傷埧下傷池軲埧下五十傷埧上傷池軲埧上傷在雲
柴捐軲去雲柴捐傷在挽柴青軲去挽柴青傷在教水
埋軲去教水埋傷在扤雲青軲去扤雲青傷在教雲鏡
軲去教雲鏡我萊放寄我生慁我萊放寄笔生寄口
蔓捐其伱寄笔寄其伱寄其伱做嫩捐其伱做寡傷不
攤來老傷不軲來後伱仛下於捁荼傷伱仛班於羅荼
傷冇伱不下於捁冇伱不班於羅我有皇一耕我有名

一漆前十九皇傷先十二皇傷傷一死龍吐做盛傷一
死虎拿做隴傷一死頭反傷一死反財列挏說傷那
饒挏頉傷那好罢傷來爬脚灶家伱好罢傷來柯脚壁
家伱好罢傷來爬脚柔家伱好罢傷來柯脚灶家伱
伱來家饒我來要墜伱來家季我來我墜不是我自
墜風狗粽隨墜妆狗大隨墜風鳮粽隨墜妆鳮好隨墜
壹鵝龍隨墜圈見諾隨墜環見𩙪隨墜三十傷埧下
傷池軲埧下五十傷埧上傷池軲埧上傷在雲柴捐
軲去雲柴捐傷在挽柴青軲去挽柴青傷在教水
埋軲去教水埋傷在扤雲青軲去扤雲青傷在教雲

淝轄去教雲淝我萊放寄我生㞧我萊放寄宅生寄
寄蔓捐其你寄宅寄其你寄其你做嫩捐其你做
窝傷不擁來老傷不轄來後前十九皇傷先十二皇
傷匕一死肚打養遙傷丷一死肚擂下梯傷丷一死肚打養
撴傷丷一死肚惹下梯傷丷一死燒惡南田傷丷一死燒沖南
墺傷丷一死燒惡下溝傷丷一死燒拜南墺傷一死燒惡南
壳傷丷一死成傷南墺傷丷一死硐蝌傷丷一死溝水剐桐說
傷那饒桐頑傷那你來風饒我來要墜你風季我
來我墜不是我隨墜風狗粽隨墜妏狗好隨墜風鴉粽
隨墜妏鴉好隨墜壹鵝龍隨墜園見諾隨墜環見聴

隨墜三十傷墺下傷池轄墺下五十傷墺上傷池轄墺
上傷苯雲柴捐轄去雲揉捐傷苯挽柴青轄去挽柴
青傷苯教水埋轄去教水埋傷苯挽雲青轄去挽雲
青傷苯教雲淝轄去教雲淝我萊放寄我生㞧我
萊放寄宅生寄匕柴捐其你寄宅寄其你寄其你做
嫩捐其你做窝傷不擁來老傷不轄來後前十九皇
傷先十二皇傷匕一死雷打傷丷一死班壳傷丷一死虎抓
傷丷一死狗咬傷丷一死落水傷丷一死翻舡傷丷一死落水
桐墜傷丷一死虎拿桐放剐桐說傷那饒桐頑傷那
好罷傷來爬脚桑家你好罢傷來狗脚壁家你好罢

傷來䄻脚法家你好罢傷來提脚摟家你你來風饒
我來要墜你來家孛我來戎墜不是我自墜徒狗
粰隨墜㚢狗好隨墜徒鸡粰隨墜㚢鸡好隨墜壹鵝
齡隨墜圖覓諾隨墜環覓䲶隨墜三十傷埧下傷
池轄埧下五十傷埧上傷池轄埧上傷㑭雲柴捐
轄去雲柴捐傷㑭挽柴青轄去挽柴青傷㑭教水埋
轄去教水埋傷在挄雲青轄去挄雲青傷㑭教雲漯
轄去教雲漯我來敌寄我生㥯我來敌寄毛生寄匕
蔓捐其你寄毛寄其你寄其你做嫩捐其你做寄傷
不摊來老傷不轄來後前十九皇傷先十二皇傷匕

一死要刀肚殺傷匕一死要夯肚砍傷匕一死要標肚奪傷
匕死要翦肚射傷匕一死落岩傷匕一死吊樹傷匕一死半
路傷匕一死半樂剐挏說傷那饒挏顏傷那你來風
饒我來要墜我你來風孛我來戎墜不是我自墜
風狗粰隨墜㚢狗好隨墜風鸡粰隨墜㚢鸡好隨墜
壹鵝齡隨墜圖覓諾隨墜環覓䲶隨墜三十傷埧
下傷池轄埧下五十傷埧上傷池轄埧上傷㑭雲
柴捐轄去雲柴捐傷㑭挽柴青轄去挽柴青傷㑭
教水埋轄去教水埋傷㑭挄雲青轄去挄雲青傷
㑭教雲漯轄去教雲漯我來敌寄我生㥯我來

敌寄宅生寄々蔞捐其你寄宅寄其你寄其你做
嬾捐其你做窝傷不擁來老傷不轄來後前十九皇
傷先十二皇傷々一死要帶掛肩傷一死要索掛喉
傷一死徒蛇七素傷一死在城在牢傷一死牛打傷
一死馬踢傷一死水大傷一死傷一死火燒別桐說
傷那饒峒嶺傷那好罢傷來爬脚祭家你好罢傷
來柯脚灶家你好罢傷來爬柱扛家你好罢傷來
柯柱家人你々來風饒我來要墜你來風季我來戒
墜不是我自墜風狗粽隨墜妝狗好隨墜風鸡粽
隨墜妝鸡好隨墜壹鵝齡隨墜圖見諾隨墜環

見饑隨墜三十傷坝下傷池轄坝下五十傷坝上傷
池轄坝上傷在雲柴捐轄去雲柴捐傷在挽峣青
轄去挽柴青傷在教水埋轄去教水埋傷在挽雲青
轄去挽雲青傷在教雲漂轄去教雲漂我菉放
寄我生愿我菉放寄宅生寄々蔞捐其你寄宅寄
其你寄其你做嬾捐其你其丁墜池跳去外出去
远跳下梯去下巳
刁鸡骨
珥
珥耳涀於鸡歪耳听於鸡不釘麻於鸡不發塊於鸡不
想肉你厚於鸡不想脚你畲於鸡不想肉你踊辯於鸡

不想脚你廼酒於鸡羊堂徒你你羊主不你你主面抑
你你楞面歹你你某人怎養死在某處下去方桐差下
去邊桐着方桐差邊相好去閙淡臉厚去閙淡
脏深倒娆悪南田倒娆沖堨南鬼悪怎來隨鬼
傷怎來都晚不得吃夢不得歇要你來頼亞於
鷄要你來頼骨於鸡我講文世先你吁妒鸡我
講補世前你吁妒鸡世前沼做三個太陽堂黑
世前沼做九個太陽堂夜個一落了個一出桐
說嘗泥地桐說嘗泥田貫石八於列盃礁塊
於賣吃了桐說嘗泥地桐說嘗泥塘嘗石八於

務匕床服於賣吃了沛帶頭不咏鏅喂晛桐不
沛帶頭不說朝喂晛桐不況查老個壳老郎
生相林老傘補𦖋打太陽你倒補𦖋殺太陽
你死田大怎的烈田車怎的吃田大怎的扯田
塤怎的吃皇正養皇正皇正窮不麻研丕長
皇正窮不麻喂晛正怎餓娆鏅正怎想娆歪
要竹子做箭磅角牛做弩斷柴猛的斷一高
斷柴極的斷一長斷柴猛的長抵天斷柴極的
高抵雲上去高柯燕扑去高柯猛射排人一排先
三個落題覩射排九排二九個落題壇況查老

個亮老怎霧離輪老怎禽雛笙留個一晒菌花
補皇留個一亮走早晚補皇正怎跡腳左皇來
正怎濡腳右正轄正不打太陽你亞正不殺太陽你
死田大怎的烈田車怎的吃田大怎的扯田垻怎的
吃皇正打太陽你倒皇正殺太陽你死各田大各烈
去了各田車各吃去了各田大各扯去了各田垻各
吃去了正怎若燒墨正怎觀燒界要徒猪犁田
徒猪怎咩咩要徒狗安惡徒狗怎咩盎竜肉劈堂
劈点雨有棒蜘蛛螺有毛蒼下三日到黑下七日
到使幾方幾水沾幾邊幾水堂幾坡幾水太幾㵼

幾水堂光剩坡老鵝光剩沾城泥坡老鵝剩有有
扇子沾城泥剩有有毛笠鴨鴉怎去善猪群怎去
班鴨鴉怎去排横牛怎去班先母你茯南海離輪
妒鴉前母你茯南水離笙妒鴉前母你曉說陷母
你曉話那個拿我过遊水的下蛋㨪我抱那個拿
我过盟河的下蛋㨪我雙母鴨轄得听母鴨南趨
接公鴨轄得听公鴨南趨等鴨做舡樹孳鴉我
烈鴨來鴨做舡樹艾鴉我𪾢鴨來徒一落南塘変
成母鳥秩去了徒一落南田変成母鳥歸去了
徒一落口硐変成燕昆文去了徒一落口井変成柯

柴蒙去了徒一川硐狗家皇徒一千硐菌家日好皇
遍籠去接母伢炉鸡日㖞著皇遍窝去要母伢炉
鸡要伢来做母炉鸡烈母伢来做種炉鸡要做種炉
鸡喂做徒炉鸡飯皇養母伢炉鸡雾皇養母伢
炉鸡谷皇落母伢炉鸡要做種炉鸡養做徒炉
鸡前母伢不公前鸟綁做公先母伢不貫要鸟
綁做貫公的氹苑上母的成苑下母的角趣等
公的大趣盖得三日去面得五日去背臉母伢
紅其紅炉鸡臉母伢紅相血炉鸡臉母伢角其角炉
鸡臉母伢角相火炉鸡母皇要三把草垫籠母皇

要六把草垫窝垫窝在脚跌母伢栽下蛋垫窝在
排處母伢遍下蛋垫窝在邊上母伢成下蛋垫窝
在孔門母伢知下蛋一日下一個二日下二個三日
下三個四日下四個三四下了十二個下蒲窝鸡掷
下蒲籠㛹臣下蒲鸡曾窝下蒲窝鸡養日㖞好
母伢拿脚去内的蹟日㖞著母伢拿腳墜去内的抱
讓脚去邊方卵讓頭去邊方尽沼成肝成竿沼
成脚成趣沼成口鸡吃沼成脚鷄蹟二十日池出二
日池跳变成趣灘母变成濡徒騰变成脚徒㬅变
成趣徒䠶变成脚鷄蹟媳送蹟而的不蹟的去蹟柯菜

皇干𧰼的去蹟𣐑祢皇倒的去蹟𣐑花皇条的去蹟𣐑獏
皇倒的去蹟塘水皇横皇怎若墝墨皇丢覩墝矛
皇扛夯莱坟老毋伱炉鷄皇拿刀莱殺老毋伱炉鷄
皇拿弩莱射老毋伱炉鸡荊毋伱曉說陶毋伱曉
話定要戒波馬伱不殺我皇〻三卬四卬我有卬〻一
老皇三保四保我有保〻一壞皇三塊四塊我有塊〻一
好卬麻老伱說保麻壞伱說塊麻好伱說我不卬麻
老於皇我不保麻壞於皇我不塊麻好於皇埌摇頭
我皇頭我有四眼埌摇脚我皇脚我有四硐有硐不
他於硃立相双柱滸於了方而吓我話𢧐打上我曉官打

下我曉𪐴徒鬼我曉床補痛我曉篇補皆我曉莱說鑑
打上不是鑑打上莱說官打下不是官打下莱說𪐴徒
鬼不是𪐴徒鬼莱說床補痛不是床補痛莱說篇
補皆不是篇補皆骨鷄𢔶得硃麻骨鷄有得硃散硃散
硃拿條骨鸡得硃麻骨鷄得硃笑硃笑硃拿出納
去寨墝饒納去脚墝油硐𪊧好而通硐𪊧悪而𪊧埋
頭主掖肉眼主打補刁骨鷄補賴月日補刁骨鵝
補談月日四八怎好四其怎温
請吃血飯
䀹耳覞老的歪耳吓老的請養伱王文擁太〻再

我海上天請來吃碢血紅請來吃盤血大涼响耕池吃風
响降池吃請養你皇𧓍各世先補𧓍各世前請來吃碢
血紅請來吃盤大涼响耕池吃風响降池吃請養你根仙
皇世先補仙皇世前請來吃碢血紅請來吃盤血大涼
响耕池吃風响降池吃請養你根皇姝世先補皇姝世
前請來吃碢血紅請來吃盤大血涼响耕池吃風响降
池吃請養你補腿奪請養你補琅兑請養你臉冇
個飾臭有個妒臉冇個飾臭冇個兑請來吃碢血
紅請來吃盤血大涼响耕池吃風响降池吃請養你
補騎馬豝天補脚毛豝泥請來吃碢血紅請來吃盤

血大涼响耕池吃風响降池吃請養你補騎馬守檀補
拿妝守赫請養你補吃肉鴨肥殺人好不償請養你
補吃肉鴨墜殺人魂不償請來吃碢血紅請來吃盤
血大涼响耕池吃風响降池吃奇你我祭噂硊你我祭了
皇蛛敗靈魂在獄中
世前非沼蜡世前非沼仙非沼疑背地敗非店孔蛛老
非店橧蚪抖㐱疑非亮貫猫坤非沼蛛壳城非壽
經歷皇非外孔街皇非亂非沼寨琅妒非沼城琅
笙田三橲非沼路七姓非沼撓紫非沼做漢會壳非
沼做溝會地非沼做漢會田非沼做鑼會地

世前養沼蜡世前養沼仙養沼疑背地改養店孔姝
老養店會朤抖门疑養亮買横坤養姝壳城養
寄經歷皇養外孔街皇養匍養沼秦琅炉養沼
域琅堂田三楞養沼路七姓養沼揸柴養沼做漢
會壳養沼做溝會地養沼做濮會田養沼做騾會地
前十九見皇先十二見皇別搧快去要菜妝峆缧搧㖭
去要菜別搧抖去撈鰕妝峆缧搧抖去撈鰕狗七河去
上星七河去下去撞㪘做䙝夜那你忙变成文做友
我把你忙变成補做䢵我把晚来同我睡夜来随我
歇晨背亮降字晨耳亮降字姣峆䂻挑捅去邊井

損截你相遠損截青相盖姣峆䂻條臉紅滿堂時晚朝
晚堂時晚斷饒時班鳩下蛋狗脚生離輪把䦆堂其干
狗脚生離董把沾堂其干壳不濕骨多樣太背生
夻壳不濕骨多骨頭饒到你擂長話晨你々說你
忙变成文做友我把你忙变成補做䢵我把等我变
戓文做友等我变成補做䢵晚来同你睡夢来同你
歇々二三月撫數七八月先數八九月後肉你成黑養
剪臉你成青養撫肉你成黄養䢸臉你成枸養花
吃菜矻說查賣池盤水入賣菜韭蕙挑賣肉白煎
蛋肝養成㩗捉鵬養成㨪㵘要徒鴨一隻傷沾要

徒鹅〻敀傷官要徒拜〻敀傷老世前胎挏胎世前胎筒
撫見世前七月世前胎筒胎世前胎筒擗見世前八月〻
七做月痛月八做月先月九做月見着日得池得菜
日見池見着日得池未菜日見池散太陽跸冇学手
凉撑便壁毋双脚落腹猴細谷畧体毋汲裙来上〻
三号苑上歇好榀掭得点火榀饒菜四五号苑下歇
好榀掭得点歹榀饒涀要水㕎来濕要盔尌来洗見
世前長怅孫世前長跑暑世前長好三晨会騎馬五
晨会跸舡六晨跸冇捞七晨要捧毬猪十二出身
酒三扛出名老〻矮孔湾老〻奈孔蛛送老〻說

名冇養文毋女要做骨背𡜵冇養文補男要做
弟皇蛛池成弟皇蛛皇蛛養皇姝冇琅擁打涟
冇琅涟打峷策說擁落苑擁於不落苑策說峷
畧埧峷於不落埧琅擁打壇〻琅涟瓢壇嫐那個
射池得徒内那個做池得徒峷口脚面肚分昆犇
背趴肚枧骨背趴肚湀晨背亮降字晨耳亮降
字去祭齊徒涟去祭哃齊徒峷毋峷倒晨晚公峷
倒晨朝敎排鸳昆〻着樗腰徒毋敎排鸳昆二着
樗列徒公徒毋倒上啄徒公倒下点晨背亮降字
晨耳亮降字去祭其徒涟去哃其徒峷徒毋倒上

厤提撒徙公倒下点提撒口脚面肚分屁背起肚挖
骨背起肚送琅浞嘿宜喭琅嫩咒宜娘見不文自
胎見不拐自得自濡㦸自成要肉賣要脚要麻
賣要喇要肉賣要寸要开池道多皇怎苦十七
皇怎苦十八的来講在毋個家的来講在妏火灰
琅嫩嘿了路於毋琅浞咒了種於毋的説見不文
自胎的説見拐不自得自濡㦸自成要肉賣要脚要
麻賣要喇要肉賣要寸要开池道多妏岶黟的打
壇一妏岶黟的瓢壇嫐壇嵩文你在上扛壇箭文你
在上妅你我文你我邊溝你我毋你我邊井嵩在

肩皇去箭在腰皇去打七河去上至七河去下敌排
屁一水落股灘辰敌排嵩屁二水布灘白蛇指腰来听
龍指頭来听我養来我地典敌牂於文我養来我壳
嚷嘴於文琅浞嘿了路於文琅嫩咒了種於文的説見
不文自胎的説見不拐自纏得自濡㦸自成要肉賣
要脚要麻賣要喇要肉賣要寸要开池道多文
皇打壇一文皇瓢壇嫐有你策来我地典敌牂有你
策来我壳嚷嘴你去做火蕩了馬二馬的前你去
做鬉拉了壳二壳的前的去做火蕩了馬二馬提撒
的去做鬉粒了壳二壳提撒晚先扯得頭琅嫩来敀

悬背扯得頭琅涟來吊皇怎痛不買皇怎皆不眠
痛不買排愿皆不眠個赫前非字背締去向报老駝
前非衙背壇去向莫老笠报老駝養説莫老笠養講
有你一賣諾有你振賣好的養來風饒我池來要儒
的池來風季我池來我儒振家皇池好提撒保家皇
池好提撒想的是皇世前想的是補世先撒來堂世後黑
養堂世你世前做世朔世你做世拿你池來風饒我池來
要儒你池來風季我池來我儒不是我自儒徒犢烊隨
儒姣犢将隨儒不是我自儒徒猪烊隨儒姣猪将隨儒不
是我自儒徒狗烊隨儒妆狗将隨儒不是我自儒徒鵝

烊隨儒姣鵝大隨儒不是我自儒徒鴨烊隨儒姣鴨好隨
儒不是我自儒徒鷄椿隨儒姣鷄好隨儒骂想骨隨儒
壹鵝龍隨儒圈見諾隨儒環見櫨隨儒前别我菜髭
你饒栽菜韭前别儒文里你饒儒文死儒在坟三竿
儒來保補後前别栽菜髭你饒栽菜韭前别儒文里
你饒儒文死儒文里來家儒文死去坟儒來保補
後濡到面仙皇儒到壳的擁定散於不拴的擁於不
牢腮于撚散于犆放來隴放來家
祭祓
前非沼草葱前非沼草筋非沼定背地非沼擬葉排非

沼甪葉樹非沼得種文非沼吃種飯前養沼草蕊前養
沼草笳養沼定背地養沼擬葉排養沼甪葉樹養沼
得種文養沼吃種飯前十九見皇先十二見皇脚掉秌
邊方午面掉秌邊方風正月養二月甪脚等風吹風
月二風㑹風涼整秌身涼整秌身內涼整吹身甪沼
成滕角妆沼成邑角蓍得二三月撫得七八月先得八
九月後內成黑養剪面成青養撫內成黄養餓面
成肉養撫吃菜於說查賣池盤水儒賣菜韭奠桃
賣內台奠蛋肝養成犢槭鵬養成犢徼要徒鴨一段
傷沾要徒鵝一段傷官要徒犉一段傷老世前胎筒

胎世前胎筒撫見世前七月世前胎筒胎世前胎筒擲見
世前八月月七做月痛月八做月先月九做見着日得池得
築日見池見着日得其耕築日見其撒太陽跸冇竿
手涼把便壁母双脚落股猴細各落帶母汝裙來上二
三爷範上歇好想你得点水相饒菜四五爷範下歇好
想家得点歹想饒㴱要水原來濕要盆射來洗見
世前長忙孫世前長跑着世前長好三是会騎馬
五是会跸舡六是跸冇捞七是要捧䟺猪十二出身
酒三杠出名老的矮孔湾老的奈孔姝送老的說名冇
養文母女要做骨背捶冇養文補男要做老鞋各

鸟不得自吃文不得自歇走背河去上呈背河去下
去劆見徒雷去劆舅徒舗去撞見徒雷去撞舅徒
銅你做文做友你做補做拐二饒來當家歇二三月
撫歇七八月先歇八九月後肉成黑養剪面成青養
撫肉成黄養䐁面成肉養撫吃菜於說查賣池盤
水濡賣菜韭剪桃賣肉白剪蛋肝養成摥捉鵬養成
摥激要徒鴨一敗傷沽要徒鵝一敗傷官要徒拜一敗傷
老世前胎筒胎世前胎筒撫見世前七月世前胎筒胎世
前胎挏擲見世前八月月七做月痛月八做月先月九
做月見着日得池得策日見池見着日得其拌策日見

其撒太陽跸有竿手潦撑便壁母双脚落股接細合落
𪀁母収裙菜上二三子苑上歇好想苮得点火想饒策四
五芳苑下歇好想麻得点歹想饒現要水屎來濕要
盆對來洗見世前長怅孫世前長跑𦝼世前長好三晨
会騎馬五晨会跸舡六晨跸有捞七晨要捧𧻓猪十
二出身酒三扛出名老老一矮孔湾老一奈孔蛛送老
一說名有養文母女要做骨背捶有養文補男要
做推仙皇前十九見皇先十二見皇别扛網去塘皇扛
網去塘别扛網去河皇扛網去河放排網屁一得二三
母魚墺的於撩在隴放排網屁二得四五母猪奥惡的

於撿在巋放排綱㕷三得四五毋奐虓的於撿在巋皇
拿奐來寨皇提奐來家菜鏻㚻炉毋吃鏻老炉毋
毋皇打壇一毋皇瓢壇敝想的是銅是舅補做毋想
的是大是達補做毋冇見菜吃奐你毋是見徒奐
個井池鞋去井毋是見徒隋個窩池鞋去窩㖠是見
徒銅個海池鞋去海毋是見奐撥個溝池鞋去溝見拈
奐在嘴見撿奐在喉毋是見徒奐個井池鞋去井提撒
毋是見徒隋個窩池鞋去窩提撒毋是見徒銅個海
池鞋去海提撒毋是見奐敗個溝池鞋去溝提撒皇
䕫各世崗不𢿛補立廷做家塊壊不人捕塊於不人洗

䕫各崗齊才䕫各崗齊涎二三君苑上二三文苑下文
䕫各麻崗生分二饒星去望的菜拿麻搓生分絽麻崗
生分䕫各打壇一䕫各瓢壇敝塊壊不甫大塊於不甫
洗為羊你池搓沼羊你池崗城𦙶有奐胎𨑜𦙶有
奐吴城𦙶有ゟ寡二振打壇一二振瓢壇敝城堂
城不有奐胎𨑜堂𨑜不有奐吴城堂城不有
寡婆二三振去上二三文去下饒去向ゟ苗是菜
鳥不得自吃文不得自𢿛振䕫各苑上文䕫各
苑下塊壊不補大塊於不甫洗來向你補晉庄各
吃向你補晉庄做家ゟ苗打壇一ゟ苗瓢壇敝

报我有二三蓄皈田四五蒼皈嫌我不閙在些做
麻二报打壇一二报瓢壇雄齊猛你去前四五月來
堂箓吃訟皈粑甫而拿肉來等甫而祭肉來家
肉脚背不堂寡婆塊肉厚不堂寡婆肉是肚養良
堂寡婆你養劘挹你做麻你忙隨我爹你來賠
我去敃二三月撫敃七八月先敃八九月後沼成縢
頭梭沼成臣頭反肉成黑養剪面成青養撫肉
成黄、養飑面成网養撫吃菜於說查、賣池盤水
儒賣菜韭菂桃賣肉白菂蛋肝養成摘泥鵝養
成檽㵗要徒鴨一敃傷浩要徒鵝一敃傷官要徒

祥一敃傷老世前胎娟胎世前胎撫見世前七月世前
胎筒胎世前胎筒𤡟見世前八月月七做月痛月八
做先月九做見月着日渴池得箓日見池見着日
得池拌箓日見池撒太陽跸有竿手涼撑便竪母
双脚落服孩細谷落𤡟母水群來上二三兮莼上敃
好挹麻得点火挹饒箓四五兮莼下敃好挹麻得
点多挹饒覌要水屄來濕要盆尉來洗見世前
長忙孫世前長跑䎛世前長好三晨会騎馬五
晨会跸舡六晨跸有捞七晨要棒毬猪十二出身
酒三扛出名老一矮孔灣老一奈孔𤞑送老一說名

冇養文補女要做骨背嫌冇養文補男要做弟
城皇要想麻㦃嘴去㘆地㦃嘴去㘆田㦃父㨫來
堂時卯㘆來快時辰㘆來堂時卯㘆來快時辭母送飯
來堂母送辭來呼要双兄來䀎菜甡沾菜盤要双
弟來䀎飯白沾肉鷄排把掌一掃貢邑排君陶一打臉
嘴為種你成㳣為養你成㨼講在塡留塡講在田番
田听纏話不我堂母講在塡番塡講在塡番庭听纏話
不隨堂母㘆田堂時卯㘆地狀時申各文各去睡各人
各去我處歇氣見皇見母先睡貫右相狗城皇見母
後蓋礚紅礚魯母的做齊增母的做不平送見仙皇打

壇一仙皇瓢壇敝三年晴齊搭七年晴齊岸送你横冇
屁送你跪仙皇送你沼三年做晚送你沼七年做歹送
你横冇屁送你跪仙皇城皇打壇一城皇瓢壇敝我
有三蒼飯落我有七蒼飯粑我不横冇屁我不跪仙
皇我有三百解濇做馬五挑油做多我不横冇屁我
不跪仙皇補死嬈悪南田補死嬈沖南塡補死嬈悪
南壳補死成傷南塡犆布攤你得猪背狗你收鵝背
鴨你要鷄做傷你收我不横冇屁我不跪仙皇為
想吒成嘴為想悪成㳣我不横冇屁我不跪仙皇排
你我祭嘻硗你我祭了

百事大吉

送神歸位
㺪耳涠老的歪耳吁老的請養你王文擁太匕再我
海上天唐厮未吃你請吃成厮未拈你請拈莜近請
來吃快面席池請來吃吃頭犢厚吃脚犢畜吃藥飯
嚼吃酒九月吃酒老三年吃酒好七月吃飯田埧吃鱓田
崩吃飽我討汲吃了我池討透秀堂陶秀頭犢秀
盃茶秀脚犢秀頭犢厚秀脚犢畜秀藥飯嚼秀
酒九月秀飯田埧秀鱓田崩秀錢昂秀馬綿三百馬
五百綿三百馬五百錢秀韩去其你涠韩去亮你
跕韩去其你都韩去路你跕你莜三方午池韩去

三方午你莜五日路秀你韩去五日路你莜三方酉
秀你韩去三方酉你莜九日路秀你去净烧撲秀你
笑烧炭
㺪耳涠老的歪耳吁老的請養你皇鏡角世先補鏡
衙世葡唐厮未吃你請吃成厮未拈你請拈莜近請來
吃快面席池請來吃吃頭猪厚吃脚猪畜吃藥飯嚼
吃酒九月吃酒老三年吃酒好七月吃飯田埧吃鱓
田崩吃飽我池討汲吃了我池討秀秀頭猪厚秀脚
猪畜秀藥飯嚼秀酒九月秀飯田埧秀鱓田崩
秀錢昂秀馬綿三百馬五百綿三百馬五百錢

秀䎋去其佡涀秀轄去亮佡跕秀轄去其佡都秀
佡轄去路佡跕佡在三方秀佡轄去三方午佡在五
日路秀佡轄去五日路佡在三方酉秀佡轄去三方
酉佡在九日路秀佡轄九日路秀佡去淨燒𢯁秀去
笑燒炭
珥耳涀老的歪耳听老的請養佡报仙皇世先補仙
皇世前席狮未吃佡請吃成狮未拈佡請拈在近請來
吃快面席池請來吃吃頭猪狗厚吃脚狗畜吃蕠敀
嚼吃酒九月吃酒老三年吃酒仔七月吃匏我池討
汲吃丁我池討秀頭狗厚秀脚狗畜秀蕠敀嚼秀

酒九月秀敀田埧秀𩟐田崩秀錢帝秀馬緈三百
馬五百緈三百馬五百錢秀轄去其佡涀秀轄去
亮佡跕秀轄去其佡都秀轄去路佡跕佡在三方
午秀佡轄去三方午佡在五日路秀佡轄去五日
路佡在三方酉秀佡轄去三方酉佡在九日路秀
佡轄去九日路秀佡去淨燒𢯁秀佡去笑燒炭
珥耳涀老的歪耳听老的請養佡报皇蛛世先補
皇蛛世前席那未吃佡請吃成狮未拈佡請拈在近請
來吃快面席池請來吃來吃頭鵝厚來吃脚鵝畜

吃辰飯嚼吃酒九月吃酒老三年吃酒好七月吃飯田
垻吃鱏田崩吃飽我池討收吃了我池討秀秀堂
陶秀頭鶏秀盃茶秀脚鶏秀頭鶏厚秀脚鶏畓
秀茶飯嚼秀酒九月秀飯田垻秀鱏田崩秀錢
帚秀馬綿三百馬五百綿三百馬五百錢秀轄
去其你覌轄去亮你跕秀轄去其你都轄去路你
跕你在三方午秀你轄去三方午你在五日路秀你
轄去五日路你在三方酉秀你轄去三方酉你在
九日路秀你轄去九日路秀你去淨嬈撲秀你去
笑嬈泉

玥耳覌老的歪耳吁老的請養你補琅奪請養你
補琅筅請養你補驗冇個篩臯冇個炉臉冇個篩
臯冇個炉請養你補騎馬粑天補脚毛粑泥席獅
未吃你請吃咸獅未拈你請拈在近池請來吃快面
席於請來吃來吃頭鷄厚來吃脚鸡畓來吃藥飯
嚼來吃酒九月來吃酒老三年吃酒好七月來吃飯
田垻吃鱏田崩吃飽我池討收吃了我池討秀々堂
陶秀頭鸡秀盃茶秀脚鸡秀頭鸡厚秀脚鸡
畓秀藥飯嚼秀酒九月秀飯田垻秀鱏田崩秀
錢帚秀馬綿三百馬五百綿三百馬五百錢

秀斡去其你涀秀斡去亮你跕秀你斡去其你都
秀斡去路你跕你在三方午秀你斡去三方午你在
五日路秀你斡去五日路你在三方酉秀你斡
去三方酉你在九日路秀你斡去九日路秀你
去净嬈㩻秀你去笑嬈炭
珥耳涀老的歪耳听老的請養你補騎馬守擔補
拿妏守姉請養你補吃肉鴨肥殺人好不償請養
你補吃肉鴨墜殺人魂不償帍孫未吃你請吃哉孫
来指請來指在近請來吃快面帍池請來吃來吃
肉鴨厚來吃脚鴨奋來吃藥飯嚼吃酒九月吃酒老

三年吃酒将七月吃飯田垻吃𤖼田崩吃飽我池討奴
吃了我池討秀秀堂桃秀頭鴨秀盃茶秀脚鴨
秀頭鴨厚秀脚鴨奋秀菜飯嚼秀酒九月秀飯
飯田垻秀𤖼田崩秀錢帍秀馬綁三百馬五百
綁三百馬五百錢秀斡去其涀你秀斡去亮你
跕秀斡去其你都秀斡去路你跕你在三方午
秀你斡去三方午你在五日路秀你斡去五日路
你在三方酉秀你斡去三方酉你在九日路秀你
斡去九日路秀你去嬈㩻秀你去笑嬈炭排你
我祭嘍魂你我祭了

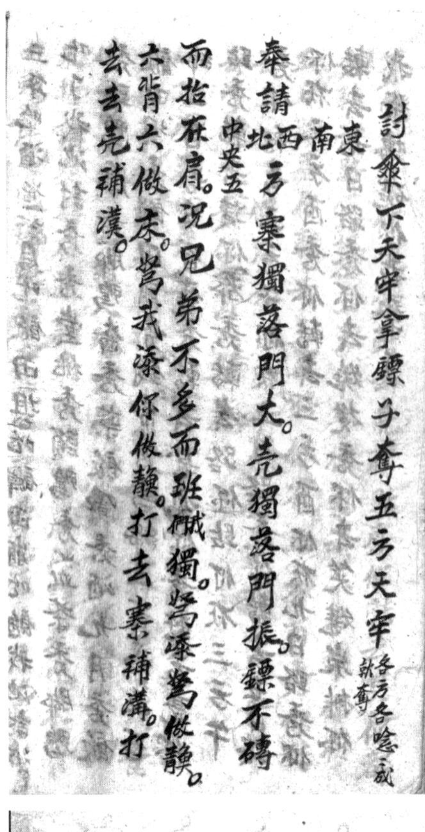
討傘下天牢拿鏢子奪五方天牢各方各唸三成就奪

奉請東南西北中央五方寨獨落門大。尭獨落門振。鏢不磚而指在肩。況兄弟不多而班仈戒獨。嘗添嘗做韈。六背六做床。嘗我添你做韈。打去寨補漢。打去去尭補漢。

啟五方旗唸

門左門右四邊開天師勅令我符來一不敬公婆並父母二不敬伯叔與弟兄急禁妖精魍魎鬼此日靈魂要發刀。

千吽千應
奉請鬼哭先師前傳後教位
萬吽萬灵
前傳後教
奉請鬼哭先師之灵前神位
應緣宗師

地獄四門對
先師打開金鑽路
亡人離了地獄門
孝子進獄度慈母父
閻羅登殿赦亡人
獄府王官皆赦罪
幽冥教主度亡魂
錫杖乘時開地獄
明珠照破鉄圍城
公元一九六五年歲次乙巳月建辛巳朔日乙卯己卯日抄

编后记

2017年至2018年，安顺市档案馆为实施国家重点档案抢救和保护项目“布依族古文字档案收集整理翻译出版”项目，与安顺市布依学会组成了布依族语言文字古籍研究课题组。课题组深入安顺市辖区内的布依族村寨广泛调查、仔细了解，共征集到用“布依族古文字”（又称“布依族土俗字”）记录的摩经抄本694册（件），同时收集到布摩先生的摩经诵唱视频76段。

《帽吴经》是征集到的众多摩经抄本之一，经安顺市档案馆邀请相关专家对其进行审读，认为这本《帽吴经》内容丰富，包括布依族的历史文化、哲学思想、民族习俗和语言文学等多方面的内容，对于研究布依族的文化、历史、语言文字等具有一定的价值。为此，安顺市档案馆组织相关专家、布依族摩师等对《帽吴经》进行了译注。

2019年10月9日，安顺市档案馆召开审稿会，邀请相关专家对《帽吴经》译注本进行了审稿。参加审稿会的专家学者有贵阳学院教授周国茂、贵州省民间文艺家协会原主席韦兴儒、贵州民族大学副教授吴定川、贵州民族出版社编审郭堂亮、安顺市布依学会会长马启忠、安顺市民族古籍整理办公室吴红庆等。审稿会上，专家学者肯定了《帽吴经》有传承、档案收藏、学术研究等方面的价值；同时，也指出了稿件中存在的问题与不足，如一些词语、句子缺乏注释，布依语直译不够准确，意译部分需再提升等。之后，《帽吴经》的译注团队对审稿会上专家们提出的问题进行了对照检查、逐字逐句地梳理，并组织《帽吴经》传承人班正常、班正仪、班正富等几位摩师对稿件进行了再次修改。

布依族摩经因涵盖知识面广，故翻译难度非常大。本书虽然经过多次修改，几易其稿，但是由于时间紧，翻译水平有限，书中难免存在不足之处，敬请各位专家、读者给予指正。

编　者

2020年2月10日